U0274210

互联网大数据营销：
客户定位+标签画像+精准营销+数据分析

曾 卉 著

清华大学出版社
北京

内 容 简 介

本书从为读者提供实战性知识的角度出发，用 10 个章节的内容，系统地讲述了大数据时代的精准营销趋势、大数据驱动营销效率提升的基本方向、如何利用大数据找到更准的客户定位、营销大数据的采集及预处理、目标用户群标签画像的构建与应用、基本数据分析方法、如何解读数据背后所包含的用户需求、多类大数据营销手段实战演练、同样决定大数据营销效果的其他环节、淘宝店大数据营销策略案例解读等知识点。通过阅读本书，读者将熟练掌握互联网大数据营销技能，对工作能力提升及职场升迁均大有裨益。

本书主要面向互联网行业市场营销人员及互联网创业人员。

图书在版编目(CIP)数据

互联网大数据营销：客户定位+标签画像+精准营销+数据分析/曾卉著. —北京：清华大学出版社，2023.2(2024.6重印)

ISBN 978-7-302-62303-8

Ⅰ. ①互… Ⅱ. ①曾… Ⅲ. ①网络营销 Ⅳ. ①F713.365.2

中国国家版本馆 CIP 数据核字(2023)第 009269 号

责任编辑：张　瑜
装帧设计：杨玉兰
责任校对：周剑云
责任印制：宋　林

出版发行：清华大学出版社
　　　　　网　　　址：https://www.tup.com.cn, https://www.wqxuetang.com
　　　　　地　　　址：北京清华大学学研大厦 A 座　　　　邮　　编：100084
　　　　　社 总 机：010-83470000　　　　　　　　　　邮　　购：010-62786544
　　　　　投稿与读者服务：010-62776969, c-service@tup.tsinghua.edu.cn
　　　　　质量反馈：010-62772015, zhiliang@tup.tsinghua.edu.cn
印 装 者：三河市君旺印务有限公司
经　　销：全国新华书店
开　　本：170mm×240mm　　　印　张：14.5　　　字　数：231 千字
版　　次：2023 年 3 月第 1 版　　　　　　　　印　次：2024 年 6 月第 3 次印刷
定　　价：59.00 元

产品编号：068552-01

在信息技术还不是很发达的年代，大数据的存在感不是很强，而企业对大数据的了解与应用也远不像现在这样深入。如今，即便是一名普通的互联网用户，在提到大数据时也能简单地发表一些自己的观点。大数据能够得以衍生、发展是因为互联网行业的崛起，它对企业营销也能发挥巨大的作用。

就拿在国内网购市场中始终处于领先位置的淘宝来说，淘宝创立于网购还没有出现的 2003 年，虽然前期的运营相对比较艰难，但淘宝依然能够抓住机会稳定前行。

早在 2012 年，淘宝就已经展示出了自己对大数据的重视程度，并且借助大数据做了一次相当成功的营销，也就是许多淘宝老用户都参与过的"淘宝时光机"历程回顾活动。在这次活动中，大数据不再是冰冷的数字，而是以一种温情形式努力地去触达用户，也成功地在调动起用户感动情绪的同时发出了"为什么淘宝会这么了解我？"的感叹声——这一切都是基于对大数据的运用。

除淘宝以外，还有许多知名企业也随着时代的发展而不断将重心偏向大数据营销的方向：网易旗下的网易云音乐，利用大数据技术发布的年度听歌报告引起了众多用户的关注，一度刷屏朋友圈；抖音、快手等热门的短视频 App 对大数据的利用更是格外娴熟，让每个用户都能拥有一份专属于自己的独特播放单；多芬借助大数据不断找到目标用户群体的需求与痛点，而后接连推出了多个能够引发女性用户共鸣的营销短片。

大数据不仅能够在大企业的手中得到有效应用，在中小企业特别是新创企业中能够发挥的作用同样也很明显。"增长黑客"理论的提出者 Sean Ellis 就着重强调了大数据的重要性，认为数据与企业的增长是密切相关的。尽管大数据营销在当前已经成为各领域企业都认同的主流营销形式，但是依然有很多企业无法掌握大数据营销的使用技巧，这就使得数据的价值在这些企业中难以得到有效的开发，企业的发展进程也因此受到一定影响。

大数据营销涵盖许多理论知识，但整体来说，大数据营销依然是灵活多变的，某个企业制定的大数据营销策略能够成功，并不意味着另一个企业可以直接复制。企业必须真正领会大数据的内涵，才能利用其对企业营销活动进行良好驱动，以提高企业的营销效率。

为了让读者可以更加全面地了解大数据营销，本书分别就大数据时代的精准营销趋势、应用大数据时应具备的基本意识、利用大数据进行客户定位的方法、大数据采集环节的准备工作、对标签画像的处理与应用、数据分析应掌握的技巧、数据解读需明确的方向、大数据实战演练过程中涉及的营销形式、影响大数据营销效果的因素、以淘宝店为核心制定的大数据营销策略等方面的知识点进行了详细的阐述。

编　者

目录

**第1章 必然方向：大数据时代的
精准营销趋势** 1

1.1 万物可踪：移动互联网带来的
闭环营销数字化 2
   1.1.1 更易满足用户需求 3
   1.1.2 更易捕捉高价值用户 4
   1.1.3 更易减少营销成本 4

1.2 精准营销：依托数据为每位用户
提供个性化营销 5
   1.2.1 消费者的消费观念发生
变化 6
   1.2.2 企业交易成本下降 7
   1.2.3 市场竞争的必然要求 8

1.3 新的问题：数据不是问题，
问题是如何用好数据 8
   1.3.1 没有明确目标 9
   1.3.2 欠缺数据思维 10
   1.3.3 沟通效率较低 10
   1.3.4 应用手段落后 11

1.4 核心要素：相比于展示量，
ROI 才是根本 11
   1.4.1 选好投放平台 14
   1.4.2 定位投放人群 14
   1.4.3 持续跟踪数据 15
   1.4.4 做好售后工作 15

1.5 重新理解：8 句话帮你重新理解
互联网大数据营销 16
   1.5.1 是完整的过程而非单独
环节 16
   1.5.2 改善用户体验成为
重中之重 17
   1.5.3 用户行为数据化是营销
关键 17

   1.5.4 广告投放领域创新程度
提升 17
   1.5.5 传统客户关系迎来新的
改变 18
   1.5.6 个性化营销能够带来高
增长 18
   1.5.7 竞争对手所处环境日益
透明 19
   1.5.8 平衡数据同用户隐私的
矛盾 19

1.6 【案例】：大数据时代，能避免
一半营销预算被浪费吗 20
   1.6.1 做好市场调研工作 21
   1.6.2 设定精准的营销目标 21
   1.6.3 制定完整的营销方案 22
   1.6.4 提前进行效果评估 22
   1.6.5 选择合适的传播媒体 23

**第2章 基本意识：大数据驱动营销
效率提升的方向** 25

2.1 基本方向：掌握数据+处理数据+
解读数据 26
   2.1.1 掌握数据 26
   2.1.2 处理数据 27
   2.1.3 解读数据 29

2.2 提出问题：会提问题才是用好
大数据的前提 29
   2.2.1 问题要清晰明确 31
   2.2.2 避免封闭式提问 31
   2.2.3 要保持和谐交流 32

2.3 归因谬误：为了谈数据而谈数据
将很容易"跑偏" 32
   2.3.1 不要草率归因 34

2.3.2 不要过度解读 35

2.3.3 客观看待自己 35

2.4 触类旁通：营销学中不可忽视的
营销指标与非财务指标 35

2.4.1 营销指标 36

2.4.2 非财务指标 37

2.5 个性满足：大数据营销要对每位
用户说"懂"他的话 39

2.5.1 为数据赋予温度 41

2.5.2 进行用户细分 41

2.5.3 说的前提是听懂 42

2.5.4 将数据串联起来 42

2.6 【案例】：用户因何会为淘宝
时光机而感动 43

2.6.1 触达用户痛点 43

2.6.2 文案配合得当 44

2.6.3 具备社交属性 46

第3章 客户定位： 用大数据更快、
更准找到目标受众 47

3.1 痛点挖掘：市场痛点的内涵与相关
数据查找、验证 48

3.1.1 市场痛点的内涵 48

3.1.2 查找市场痛点的注意事项 ...50

3.2 人群定位：人口学数据与企业
市场营销间的关系 51

3.2.1 人口学概述 51

3.2.2 利用人口学数据进行
人群定位时的注意事项 52

3.2.3 对人群定位影响较大的
因素 53

3.3 市场调研：如何获得一个细分
市场的专属数据 55

3.3.1 明确调研目的 56

3.3.2 锁定调研对象 57

3.3.3 敲定调研方法 57

3.3.4 组织调研团队 57

3.3.5 数据整理分析 58

3.3.6 撰写调研报告 58

3.4 场景定位：怎样找到用户需求
最旺盛的业务场景？ 59

3.4.1 场景面向的用户特征 60

3.4.2 用户所处的环境 61

3.4.3 触发交互行为的条件 61

3.4.4 用户停止行为的原因 62

3.5 行为数据：目标用户行为偏好
数据的追踪与提炼 62

3.5.1 比较常用的用户行为
数据 62

3.5.2 追踪用户行为数据的
注意事项 64

3.6 【案例】：58到家CEO：心智
定位是灵魂， 大数据是工具 66

3.6.1 互联网环境发生改变 67

3.6.2 快狗打车更名决策 67

3.6.3 改变消费者认知很重要 68

3.6.4 定位是灵魂 69

3.6.5 大数据推动发展 69

第4章 数据收集： 营销大数据的
采集及预处理 71

4.1 业务梳理：业务流程要素
决定着数据口径 72

4.1.1 保障部门之间的沟通 73

4.1.2 接收业务调整的信号 73

4.1.3 数据口径名称要清晰 74

4.1.4 重视数据口径的验证 74

4.2 数据源：营销分析中应重点
关注的7种数据源 75

4.2.1 聚合数据 75

4.2.2 艾瑞指数 76

4.2.3 通联数据 76

4.2.4 百度指数 77

4.2.5 数说聚合 78

4.2.6 QuestMobile 78

4.2.7 数据观 78

4.3 数据埋点：指定位置数据埋点的

实战技能 79

4.3.1 数据埋点的概念 79

4.3.2 数据埋点的应用方式 79

4.3.3 数据埋点的应用技巧 81

4.4 预处理：获得数据后必要的

清洗、过滤与映射工作 83

4.4.1 数据清洗 84

4.4.2 数据过滤 85

4.4.3 数据映射 85

4.5 数据监测：相关数据的监测与

基本效果分析 86

4.5.1 数据监测的意义 86

4.5.2 数据监测的应用要点 87

4.5.3 数据监测效果分析的

方法 88

4.6 【案例】：云南白药淘宝旗

舰店的经典数据营销战 90

4.6.1 锁定目标人群 91

4.6.2 分析用户行为 91

4.6.3 定制营销活动 92

4.6.4 提炼潜在用户 93

第 5 章 标签画像： 让正确的服务

匹配到正确的人 95

5.1 核心目的：不断细化标签图谱

形成更精准匹配 96

5.2 标签系统：完整标签系统的搭建

层级及常见的标签应用场景 98

5.2.1 完整标签系统的搭建层级 .. 98

5.2.2 常见的标签应用场景 100

5.3 标签体系：标签的归纳、分类与

处理 102

5.3.1 标签归纳 102

5.3.2 标签分类 103

5.3.3 标签处理 105

5.4 用户画像：用户画像与用户

标签间的关系 105

5.4.1 选择正确的标签 106

5.4.2 标签数量要适中 107

5.4.3 标签不代表一切 107

5.5 循环优化：强化用户与服务

偏好匹配效率五步走 108

5.5.1 做好用户细分 109

5.5.2 制定服务策略 109

5.5.3 测试服务效果 110

5.5.4 持续跟踪数据 111

5.5.5 进行评估优化 111

5.6 【案例】：完美日记营销中

对用户画像的极致应用 112

5.6.1 选择品牌代言人 113

5.6.2 IP 跨界联动营销 114

5.6.3 多样化营销渠道 115

第 6 章 数据分析： 学会让数据来

回答你的问题 117

6.1 分析目标：用好数据分析对做好

营销的三重加持 118

6.1.1 提高营销决策精准度 119

6.1.2 监视、预测对手动向 119

6.1.3 提供精细化用户服务 120

6.2 基本技法：关联规则、

离群数据与知识推理 121

6.2.1 关联规则 121

6.2.2　离群数据 122
6.2.3　知识推理 123

6.3　漏斗模型：实现逐层监控、
分析、优化 124
6.3.1　漏斗模型监控 125
6.3.2　漏斗模型分析 126
6.3.3　漏斗模型优化 127

6.4　事件模型：如何针对特定事件
开展各维度分析 127
6.4.1　本身特征统计 128
6.4.2　属性特征统计 128
6.4.3　自定义指标运算 129

6.5　分群模型：怎样针对特定分组
用户开展数据分析 129
6.5.1　付费情况 130
6.5.2　使用状态 131
6.5.3　用户偏好 131

6.6　【案例】：某游戏类 App 营销
优化过程中对漏斗模型的应用 132
6.6.1　游戏投放展示 133
6.6.2　用户下载游戏 134
6.6.3　用户注册账号 134
6.6.4　玩家体验游戏 135
6.6.5　玩家付费转化 135

第 7 章　数据解读：时刻谨记数据
背后是"人的需求" 137

7.1　丐词魔术：千万不能用证明想法的
眼光看待数据 138
7.1.1　保持客观态度 139
7.1.2　适当发出质疑 140
7.1.3　学会接受现实 140

7.2　数据噪声：为何同一组数据会
得出完全不同的结论 141
7.2.1　分箱法 142

7.2.2　聚类法 142
7.2.3　回归法 143

7.3　解读方式：正确解读营销
大数据 4 步走 143
7.3.1　拒绝主观想法影响 144
7.3.2　透过数据解读用户 145
7.3.3　深入接触验证想法 145
7.3.4　尝试拼凑数据链条 146

7.4　洞察问题：异常数据中往往
蕴藏着新机会 146
7.4.1　不要抵触异常数据 148
7.4.2　不要轻易做出判断 149
7.4.3　尝试征求他人意见 149

7.5　潜在需求：从营销数据中寻找
用户潜在需求的方式 149
7.5.1　做好用户的细分 150
7.5.2　采集充足数据 151
7.5.3　抓住关键数据 151
7.5.4　尝试引导用户 152
7.5.5　寻求专业机构的帮助 153

7.6　【案例】：克里斯坦森：用户
需要的是"雇用" 产品去完成
"任务" 153
7.6.1　抓住用户核心需求 155
7.6.2　找到正确的创新方向 155
7.6.3　数据配合做好调查 156
7.6.4　重视用户情感需求 156

第 8 章　实战技法：多类大数据营销
手段实战演练 157

8.1　事件营销：大数据与事件
营销的前、中、后期 158
8.1.1　事件营销前期 158
8.1.2　事件营销中期 160
8.1.3　事件营销后期 161

8.2　关联营销：提升关联成功率需
　　　在三大触点下足功夫 161
　　8.2.1　关联商品可互补 162
　　8.2.2　关联同类型商品 163
　　8.2.3　关联商品可互替 164
8.3　互动营销：让粉丝不再旁观，
　　　而是深入参与其中 164
　　8.3.1　策划有吸引力的内容 166
　　8.3.2　目标定位要足够精准 166
　　8.3.3　对用户进行利益驱动 167
　　8.3.4　互动量并不代表一切 168
8.4　病毒式营销：社交链传播数据
　　　可量化是病毒式营销的基础 168
　　8.4.1　病毒式营销的特点及其
　　　　　　传播过程中的常用指标 168
　　8.4.2　提升 K 因子数值的方法 170
8.5　增长黑客：如何用更低成本、
　　　更优渠道做好业绩增长 172
　　8.5.1　控制企业营销成本 173
　　8.5.2　选择更优营销渠道 174
8.6　【案例】：小米的互动营销
　　　策略 175
　　8.6.1　转发抽奖 176
　　8.6.2　高管入驻 176

第 9 章　相关环节：它们同样决定了
　　　　　大数据营销的最终效果 179
9.1　数据可视化：更明晰的动态
　　　监测、更好的汇报效果 180
　　9.1.1　动态监测更明晰 180
　　9.1.2　汇报效果更优化 181
　　9.1.3　多维度分析场景 182
　　9.1.4　更迅速看到问题 182
9.2　实效营销：大数据在实效
　　　营销中的作用 183

9.2.1　提高渠道效率 185
9.2.2　找到创新方向 185
9.2.3　监测营销过程 186
9.2.4　量化营销指标 186
9.2.5　评估合作对象 186
9.3　品牌营销：大数据优势在品牌
　　　营销中的正确玩法 187
9.4　营销预算：大数据营销方案如何
　　　实现资源最优配置 190
　　9.4.1　以营销目标为依据 191
　　9.4.2　总结并分析各营销渠道 191
　　9.4.3　分解费用项目 192
　　9.4.4　部门之间高效沟通 192
9.5　数据隐私：守得住界限才能
　　　更安全 193
　　9.5.1　做好数据分类 195
　　9.5.2　进行员工培训 195
　　9.5.3　文件进行加密处理 196
9.6　【案例】：百度对大数据营销
　　　可视化设计的看法 196
　　9.6.1　大数据营销的意义 197
　　9.6.2　数据可视化的概念 198
　　9.6.3　视觉可视化的元素 199
　　9.6.4　数据可视化的误区 199

第 10 章　全盘案例：淘宝店的
　　　　　　大数据营销策略 201
10.1　数据体系：对淘宝店而言的
　　　　重要数据指标 202
　　10.1.1　店铺浏览量 203
　　10.1.2　店铺访客数 203
　　10.1.3　收藏量 203
　　10.1.4　转化率 204
　　10.1.5　平均访问深度 204
　　10.1.6　产品复购率 205

10.2　店铺定位：大数据视角下的
　　　淘宝店铺、产品定位 205
　　10.2.1　确定目标消费群体 206
　　10.2.2　寻找有爆款潜力的产品 ...207
　　10.2.3　分析行业竞争情况 207
　　10.2.4　明确店铺装饰风格 208

10.3　店铺流量：影响店铺权重、
　　　流量的那些关键点 208
　　10.3.1　店铺点击率 209
　　10.3.2　近期销量 210
　　10.3.3　店铺信誉度 210
　　10.3.4　DSR 动态评分 210

10.4　会员体系：数据分析、会员
　　　画像与提升复购 212
　　10.4.1　提炼关键数据 213

　　10.4.2　划分会员等级 213

10.5　口碑塑造：大数据营销与店铺
　　　品牌塑造的正确思路.................215
　　10.5.1　品牌精准定位 216
　　10.5.2　讲好品牌故事 216
　　10.5.3　引导正面话题 217
　　10.5.4　衡量口碑效果 217

10.6　【案例】：淘宝店铺直通车怎么
　　　"开"才最划算 218
　　10.6.1　评估关键词质量分 219
　　10.6.2　选择有潜力的产品 219
　　10.6.3　合理优化推广标题 220
　　10.6.4　适时调整关键词出价 220
　　10.6.5　注意投放的时间节点 221

第1章

必然方向:

大数据时代的精准营销趋势

　　你是否了解你的用户?又是否了解你当前所处的这个时代?在大数据潮流的席卷下,许多企业都纷纷改变了自己的营销形式,开始锁定精准营销的方向。没有人能断定大数据在未来会有哪些变化,但至少在现阶段,大数据对各个企业而言依然是十分强大的存在。企业必须掌握数据的正确用法,并且要全面、深入地理解互联网大数据营销这件事,如此才能顺利融入这个时代,跟上"大部队"前进的节奏。

1.1　万物可踪：移动互联网带来的闭环营销数字化

2019 年 6 月，我国正式发放 5G 商用牌照，与大数据相关的工具越来越多，互联网普及率逐年提升，大数据时代到来并慢慢改变了人们的生活。移动互联网推动了大数据的发展，并由此带来了数字化闭环营销这一新型营销形式。

大数据无论是对企业经营者还是消费者，都有着非同寻常的意义。站在企业经营者的角度，其能够借助大数据更深入地剖析目标市场，在向市场投放新产品或举办营销活动时，目标也会更加清晰；站在消费者的角度，大数据能够进一步改善其生活质量。在数字化潮流的影响下，日常生活早已与互联网接轨的人们能够获得更优的网络体验，如美食、旅行、社交、办公，数字化的渗透大大提高了人们的行为效率。

信息技术的发展使社会进入更高级的阶段。而处于这个社会中的每个人，都要适应这种数字化带来的改变。特别是企业，必须及时捕捉大数据给出的信号，并尽快调整营销模式，这样才能使企业的竞争力得到提升(至少不会被甩在竞争队伍的最后面)。

在大数据还没有得到广泛使用的时期，企业更倾向于常规的闭环营销模式。简单来说，闭环营销就是要将营销体系中的各个重要环节整合到一起，使其高效运作；与此同时，要将用户群体放到闭环营销的核心位置上。闭环营销之所以如此受欢迎，主要还是因为它能够使企业更稳定地获利——这里指的利益可不单单是金钱上的收益，还包括用户价值的增长。

如果企业迎来一批消费者，而后又送走一批消费者，这样反复循环，其实企业并不算真正赚到。在新型营销理念中，企业如果想要提高自身的生存能力、稳步提升各项数据，就必须努力延长用户的生命周期，不能使其流失太快。

因此，闭环营销就成了企业用来培养高黏性用户的工具，但这种模式应用起来显然也没那么简单，毕竟用户不是没有灵魂的机械，企业无法强行左右用户的思想。闭环营销的关键在于这个圈子是否能塑造起来，如果中途有哪个环节的工作没做到位，那这个"环"也难以闭合，用户价值自然难以得到更深层次的开发。不过随着大数据的流行，数字化与闭环营销的融合也为企业提供了新的机遇，我们可以简单分析一下这种模式的优势，如图 1-1 所示。

1	更易满足用户需求
2	更易捕捉高价值用户
3	更易减少营销成本

图 1-1　闭环营销数字化的优势

1.1.1　更易满足用户需求

无论闭环营销是否加入了数字化元素，用户的核心定位都不可动摇，如果企业不将用户摆在一眼就能看到的中心位置，那么其制订再怎么详细的营销方案都没有太大意义。只有消费者的潜力被逐层开发，企业利润才能获得更显著的增长，因此抛开用户谈利润是非常不现实的想法。而是否能够将潜在消费者转变成企业的忠实粉丝，就要看企业满足用户需求的能力了。

无论是产品的设计还是产品投入市场后的一系列宣传营销活动，都要紧扣用户的需求，否则就只是一场无人回应的"独角戏"而已。但是，就算是经验再丰富、专业能力再强的营销人员都无法拥有真正的读心术，他们只能借助一些技巧与个人的推断来尽可能靠近打动用户的那个点。

在信息技术还不是很成熟的时期，企业了解用户的手段主要以各种问卷调查或电话访谈为主，不过有了大数据的帮助，这些烦琐环节就可以变得简洁许多。大数据能够让企业更直观地审视自己的用户群体，将用户由一个个数据拼凑起来，最后勾勒出一张完整的用户画像。这样一来，企业就可以根据这些数据来逐个击破明确用户需求的阻碍了。

1.1.2　更易捕捉高价值用户

普通用户与高价值用户的区别在哪里？最明显的区别就是高价值用户能够为企业带来更多的收益，甚至有可能为企业拉来更多新流量。但是，高价值用户往往不是一开始就存在的，而是在与企业密切接触的过程中慢慢被培养出来。有些企业在前期对待用户虽然很认真，却不能及时将这些有高价值潜力的用户提炼出来，这就导致其一旦在中后期的营销管理工作做不到位，这些用户产生某些行为时的积极性就会有所下降，进而出现用户流失的情况。

目前，很多企业在进行营销活动时都遇到了各种各样的困难，如流量红利的减少、竞争力度的提升、用户需求的变化等，这些都会对企业的营销效果造成影响，许多小企业更是陷入苦苦挣扎的艰难求生状况。

在这种形势下，高价值用户无疑是十分珍贵的，所以企业更要努力抓住每一个有可能向高价值身份转化的用户，不能使其还没有转化成功就退化成普通用户。通过对数字化的应用，企业可以在闭环营销的过程中用更清晰的目光注视着自己的用户群体，当用户登录频率提高、付费次数增加时，企业就必须有所警觉了。

1.1.3　更易减少营销成本

在过去，虽然有些企业也了解闭环营销的重要性，但是在举办一些营销活动的时候，依然不能实现理想的营销效果。

成功的营销并不是在线上或线下布置了多少广告，而是用户在看到广告后是否会产生相应的行为，如注册账号、购买产品等。如果用户对这些广告无动于衷，只是分给其一些注意力却没有后续行动，那这次营销活动也难以被归入成功案例。比方说在繁华商业区树立大量的品牌广告，这样做的风险有两点：其一，用于营销广告的成本会非常高；其二，营销效果未必会与营销成本对等。而数字化的闭环营销能够帮助企业有效把控营销成本，使其在做活动之前就可以借助大数据对本次营销效果进行初步的评估、预测，并且能够在活动结束后成功将收割到的流量稳定下来。

近年来，各种与大数据相关的营销活动层出不穷，如网易云音乐推出的用户专享年度听歌报告就是大数据应用的典型产物。在该活动首次发起的时候，我们可以在各个社交平台如微信、微博等看到许多人晒出的报告截图，而网易云音乐的影响力因此得到了大幅度提升。5G 时代已经到来，移动互联网的发展更加迅猛，各个企业的经营者也必须紧跟时代发展的节奏，不断提高自己的大数据应用能力。

1.2　精准营销：依托数据为每位用户提供个性化营销

个性化营销这个概念并不难理解，虽然其真正流行起来是近几年的事情，但实际上早在非常久远的时期，这种个性化营销的模式就已经存在了。比方说你要出席一个很重要的宴会，需要穿一身崭新的西装，如果西装的袖长、肩宽等不合适的话，那你的穿衣效果也会大打折扣。这时你就需要前往能够提供量身定制服务的服装店，让店家为你设计一套专属于你的西装，目的是让穿上后的效果就像灰姑娘的水晶鞋一样合衬。

但是，这种定制服务之所以在此前没有流行起来，主要原因还是商家为此付出的成本会很高，而且工作效率也难以提升。因此，比起那种大规模生产的模式，能够提供私人定制服务的商家不是很多。这种私人定制的订单费用也会比普通交易形式高一些，这对过去的商家来说挑战很大，稍不留意就会在竞争过程中落于下风，最后成为那个消失的战败者。

之前商家的顾虑大多来源于自身难以承受的交易成本，但随着互联网的发展，个性化营销的优势也开始渐渐显露出来。我们可以先来分析一下 21 世纪初期的个性化营销应用案例，谷歌(Google)在其中是一个活跃的领头者。

AdWards(关键词广告)的开创者就是 Google，简单来说，AdWards 就是将广告的展示内容与用户检索行为挂钩。比方说你在网页中输入"健身"这个关键词，跳转后的页面就会展示健身器材、健身课程、饮食搭配等相关的广告。此外，Google 在之后还对 AdWards 进行了优化，即用户的检索内容不再是广告展示的唯一指标，用户的搜索历史也会影响广告的推送。

在 Google 点起了个性化营销的火把之后，许多互联网企业也纷纷加入个性化营销的队列中，比方说快速崛起的雅虎(Yahoo)。Yahoo 于 2007 年推出了新的广告方案，表示能够为用户展示更符合其需求的广告，也能够带动广告投放方利润的增长。事实证明，Yahoo 并没有夸大其词，因为很多企业在使用了这种个性化营销的广告方案之后，广告的点击率与转化率都较过去有了较为显著的增长。

国内对于个性化营销的应用要稍晚一些，当时主要以各大购物网站为主，如凡客诚品、1 号店等，虽然这些网站在后面几年发展势头慢慢减弱，但它们在当时借助数据进行的个性化营销效果却很不错。

互联网是如何推动个性化营销发展的？为什么个性化营销在过去行不通，在当前却很受买卖双方的欢迎？我们可以先就第一个问题来展开探讨。首先，互联网与大数据的结合能够成为个性化营销的强大支撑，让企业可以更明确地了解用户的需求，从而做出对个性化营销方案的规划；其次，逐渐成熟的网络环境令企业与用户的沟通更加顺畅，各种辅助营销工具的上线也为企业提供了助力。下面我们再来分析一下个性化营销在当前很受欢迎的原因，如图 1-2 所示。

图 1-2 个性化营销在当前受欢迎的原因

1.2.1 消费者的消费观念发生变化

消费者的消费观念会直接决定市场发展方向，也会对企业的营销战略造成极大影响。人们过去的生活质量与现在有较大差别，那时候许多人还处于勉强维持温饱就很满足的阶段，除了生活必需品以外，对于其他不同性质的产品需求度并不高，或者说，当时的人们并没有向高需求阶段迈进的条件。

但当人们的生活水平有了显著提升、不必再为自己的生存处境担忧时，其消费理念便潜移默化地发生了改变。如今的消费者已经有了更多的购物选项，而且不再满足于在常规商品中进行挑选，更希望看到个性化特征比较强的商品。像海尔这种大型家电企业，在过去多以批量化制造模式为主，但它把握住了数字化转型的机会，选择将个性化定制服务与家电商品结合，让消费者能够拥有更新奇的体验与更符合其需求的产品。

在海尔早期的试验阶段，人们可以对彩电的几大重要构成要素进行自由选择，就像小朋友的组装玩具一样。而工作人员在收到消费者的需求后，就可以与其进行更加深入的交流，如模块化拼接的方案、细节的设计等。总之，就是要赋予消费者足够的主导权，使其可以参与到产品设计、加工、制造的大部分重要流程中。如今，海尔对于个性化定制服务的管控能力愈发成熟，也让消费者拥有了更多能够自主定制的家电产品，如冰箱、空调等。

1.2.2 企业交易成本下降

如果只是消费者的观念更上一层楼，而企业这边提供个性化营销服务的成本依然没有改变，那么个性化营销也难以成为主流。交易并不是单方的，企业满足用户需求是为了从中获利，而不是长期处于赔本状态，否则很难有企业可以接受。

首先，个性化营销并不意味着企业要把内部的所有产品都打上个性化标签，正常情况下企业会找到自己的细分市场，而后划分出一定比例的产品用于个性化营销。只是在过去人们对于这种个性化产品的需求普遍不高，因此用于该领域的产品比例不是很高，企业无法得到满意的收益。

其次，如果企业能够精准定位细分市场的话，那么其不仅能够对成本进行有效管控，而且还可以在满足消费者需求的前提下提高企业利润。

最重要的是，在这个以流量为主的时代，能够长期留存下来、对品牌具备较高忠诚度的用户，弥足珍贵。要知道，当前企业如果想要发展一名新用户的话，需要支付的成本可比留住一名老用户要高得多。通过提供个性化营销服务，企业可以让更多用户的生命周期得到延长，这就意味着其能够为企业做出更大的贡献，因此，也能间接导致企业交易成本有所下降。

1.2.3　市场竞争的必然要求

再换一个角度来说，就算企业不打算考虑消费者的个性化需求，只想平稳发展目前的业务模式，竞争日益激烈的市场环境也难以使其实现这个愿望。舒适区固然会让人感到轻松，但却未必安全；开辟个性化营销的板块肯定会具备一定的风险，然而停滞不前只会使企业越来越落后，竞争实力越来越弱。

一方面是互联网环境下衍生出的大数据，另一方面是消费者的多样化需求理念，如果企业无法将二者良好地融合在一起，将会使其生存处境愈发危险。在这种情况下，如果企业继续带有"佛系"的经营理念，既不重视对数据的利用，也不重视消费者的个性化需求，那么企业即将面临的结局也就很清晰了。

个性化营销可不只是针对产品设计的环节，产品的定价、售后以及渠道的规划，都需要体现出个性化的特征才行。在制定新营销策略的过程中，企业必须借助大数据对目标市场进行全面考察，不能站在自己的立场上去思考问题，而是要透过数据去审视消费者，窥探其多样而真实的心理变化。

1.3　新的问题：数据不是问题，问题是如何用好数据

在过去，企业获取数据时经常会受到许多阻碍，如信息渠道过于狭窄、信息缺乏准确度等，但这些问题在当前都可以得到有效解决。在互联网的快速发展下，企业获取信息的速度在不断加快，可供筛选的信息资源也较以往丰富了许多。因此，大部分企业目前面对的问题并不是如何获取数据，而是如何将这些数据的价值开发到最大。

在没有做分析的时候，数据就只是普通的数字，只有对其进行精准剖析，才能将数据的作用体现出来。但是，很多企业对待数据的态度无疑是不成熟的，比方说有些人会想图省事、走捷径，而直接将其他企业的数据指标"借鉴"过来。这样做会出现什么样的结果呢？

举个例子，60 分是部分学科的及格线，对常年不及格的低分段学生来说，可能 60 分就是其努力追赶的目标，能够及格对其来说就已经算是成功了；但对优等生而言，如果也将 60 分当作自己成功与否的指标线，那将很难受到激励。同样都是 60 分，对不同的学生群体而言，意义却是天壤之别。而一味模仿其他企业设定的数据指标，甚至是分析工作结果拟定的战略方案，并不是一个明智的行为。

企业能否将自己采集到的数据利用到位，这一点非常重要。因为不同类型的数据指向的问题方向也不一样，有些能够反映出用户的行为状态，有些则能反映企业营销活动过程中某个环节存在的不足之处。如果企业不能用好数据，那就意味着其现存的短板将难以得到优化，长此以往，很容易陷入非常危险的境遇。

即便将那些想要走捷径、懒得在数据上费心的企业剔除掉，剩下的很多企业也依然面临着无法将数据用好这个问题。我们可以总结一下企业出现这种情况的常见原因，如图 1-3 所示。

图 1-3　企业不能用好数据的原因

1.3.1　没有明确目标

没有明确目标是企业难以用好数据的主要原因，许多企业不能将数据的价值开发出来，就是因为没有做好这一点。假如你在做一件事之前，连自己的目标是什么都不知道，那后续的执行过程也会是茫然、无方向的。通常企业在经营过程中会设置很多目标，其中短期目标占比会比较高，但这并不代表企业在分析、利用数据的时候只重视短期目标的实现，反倒是长期目标越精准对企业越有利。

无论专注于什么业务类型的企业，在这个信息时代，其拥有的数据量应该都不会太小。但一来这些数据并不是全都有用，二来如果企业没有设定目标，只是大批量分析数据的话，那分析数据的效率将会变得非常低。此外，在没有设定目标的前提下，企业进行数据分析其实也是在做无用功，因为其并不知道自己分析后的数据能够用到哪里，有什么意义。

1.3.2　欠缺数据思维

数据思维虽然听上去没有太多实感，不像一些专业技能如社交谈判、财务核算等能够轻松落到实处，但也是不可忽视的。很多企业都比较重视在实践过程中相对容易展现出来的技能，却不注重对员工数据思维的培养，这就导致员工在对数据的思维敏感度不够，连带着分析速度、质量也会一同下降。

具备数据思维的人与欠缺数据思维的人在分析数据的效果方面肯定是有差异的。具备数据思维的人不仅能够制定较为清晰的目标，找准数据分析的切入点，还可以借助数据找到许多企业需要改进的问题，并且能够将最具价值的数据提炼出来。目前，虽然有很多求职者表示自己具备较强的数据思维能力，实际上真正能够将数据思维用于实战的数据人才并不多。

1.3.3　沟通效率较低

分析数据这件事可不是单靠一个人就能办好的，哪怕这个人是具备数据思维的专家，在分析数据的过程中也要与其他人进行沟通。大数据时代虽然能够为企业提供非常丰富的数据资源，但也很容易使其迷失方向，难以找到价值潜力较高的那些数据。在这种情况下，相关成员必须同心协力、相互配合才行，不能将数据打包后一股脑儿丢给某个人，而后便不再过问这件事，甚至不提供任何帮助，这样是不可能用好数据的。

然而事实上，确实有许多企业存在沟通效率较低的问题，主要原因可能是组织架构存在问题或其他部门的员工对数据分析这件事的认知不到位。当然，也不排除某些员工不习惯团队协作模式，更愿意自己关上门去研究数据，但这样做将难以保证数据分析的效率与准确度。

1.3.4　应用手段落后

现阶段数据分析依然以人工为主，但企业也要想办法提高应用数据的手段，如果还是像过去那样让相关人员埋头对着数据写写算算，那效率就太低了。随着信息技术的变革，许多智能化的辅助工具也开始大规模出现，比如"友盟+"就是一款功能强大的数据分析工具，它能够帮助企业将数据变得更加精简，还能够提供自动分析数据的方案，为数据分析者减轻一些负担。

善用这些辅助工具可以有效提升数据分析的效率，也能更深入地挖掘数据的价值，将那些具备分析潜力的数据全面提炼出来。不过有些初创企业可能会因为资金问题而暂时不考虑配置智能工具，但这样做只是在表面上为企业节省了资金，实际上却会使其损失更多。

如何将数据用好是一个值得企业思考的问题，不过这里还有一种更严重的情况，即企业完全没有意识到自己利用数据的方式不够妥当，反倒觉得分析数据的效果非常好。像这种情况就比较棘手了，如果短期内不能有所改善的话，企业将有可能在后期承受更大的损失。因此，企业必须端正自己对待数据的态度，既不能为了图方便而省略重要的分析步骤，也不能过于"自信"，认为自己的数据分析工作做得完美无缺。只有用好数据，才能使企业保持在健康的增长态势中。

1.4　核心要素：相比于展示量，ROI 才是根本

当网民数量不断增加、网络流量的商业价值持续提升时，许多企业也迅速迎合时代风向，将营销阵地从线下转到线上。于是我们可以看到，互联网中的广告营销形式非常多样化，如弹出式、信息流、互动式等都是当前存在感比较高的广告类型。但是，这些广告的展示可不是无偿的，企业如果不能定位准确目标的话，就很难从中获利。

很多企业搞不清楚一点，即自己布置线上广告或筹备营销活动的关键点是什么。就拿常规的广告投放来说，广告投放结束后，如果企业选择将目光定格在广告展示量上，并以此为依据来评估投放效果的话，那只能说明企业对待数据的专业性还是不够高。

例如，你筹集许多钱开了一家网红饮品店，前期有很多人会来拍照打卡，但是并不会进店消费。还有一部分人只会买一杯比较便宜的饮品，而后在店里坐一天。毫无疑问，你的店铺在前期的曝光度肯定不会太差，因为网上有许多人都晒出了店铺的照片。但是店铺经营光靠网络传播不能挣钱，它需要的是顾客更多地购买产品来盈利。然而事实是虽然你的店铺展示效果很不错，每天的交易额却常常不达标，长此以往，当店铺在互联网中的热度慢慢下降时，你将很难再继续支撑下去。

并不是说企业在做营销广告时的内容展示量不重要，毕竟展示量提升才能吸引更多人浏览广告，只是展示量并不是企业用来评估营销效果的唯一指标。与展示量相比，企业更要关注的应该是 ROI(return on investment，投资回报率)。下面先来了解一下 ROI 的常规计算公式(见图 1-4)：

$$ROI=企业年利润额/投资总额×100\%$$

图 1-4 ROI 的计算公式

不过这个公式如果用在线上营销的场景中，还需要调整一下，目前，比较常用的公式是：

$$ROI=销售收入/投入成本×100\%$$

换句话说，如果企业的营销活动结束后，其耗费的成本远超收益，那就说明本次活动的效果不是很好。哪怕活动展示量很高，但如果不能产生利润，对企业来说意义也不是很大。流量的重要性体现在其能够为企业带来利润，而不是客户站在门口看一看或逛一圈便转身离开。我们可以借甄稀冰激凌的营销案例来对 ROI 进行更加深入的了解。

甄稀冰激凌是伊利旗下的产品，近几年用于它的营销手段越来越成熟，其中热门综艺节目《拜托了冰箱》对甄稀 ROI 的提升帮助较大(见图 1-5)。该档节目已经开播了很多季，甄稀冰激凌始终坚持与节目进行营销合作，每一期节目甄稀冰激凌的存在感都非常高，就连偶尔看一两次节目的非忠实观众都知道甄稀是节目的总冠名。那么，甄稀是如何提高自身曝光率的呢？

图 1-5　甄稀冰激凌广告宣传

很多期节目的开头主持人都会雷打不动地将甄稀冰激凌拿出来，或是将其摆在桌子上，或是主持人与嘉宾以互动形式吃冰激凌，有时还会将冰激凌当作指定食材让厨师进行自由加工。总之，毫不夸张地说，甄稀冰激凌的存在感有时甚至比嘉宾还要高，不过由于广告的植入形式比较自然、有趣，所以也不会引起观众的不满。

如果单看品牌曝光效果的话，那甄稀冰激凌无疑是出尽了风头。但毕竟冠名也是一笔投资，如果甄稀冰激凌不能靠 IP 营销显著拉动利润增长的话，本次冠名就只是在白白烧钱而已。不过还好，伊利并没有做赔本的生意，冰激凌的线上线下销量都在持续增长，这也使甄稀冰激凌的品牌影响力得到了有效提升。值得一提的是，甄稀冰激凌对自己的定位是高端品牌，而非普通平价品，因此，ROI 是否能够达标对其来说就更加关键了。

企业在计算 ROI 的时候，除了要考虑正常的营销投入成本，也不能忽视其他的必要支出，如快递费、产品制造费等。不过想要使 ROI 提升，很显然不是一味控制各项成本就可以实现的，最重要的还是在于是能否完成利润转化，具体可以参考下述方法，如图 1-6 所示。

图 1-6　企业提高 ROI 的常用方法

1.4.1　选好投放平台

企业无论想要做哪种形式的营销活动，是像甄稀冰激凌一样的冠名还是其他类型的宣传营销，都必须选好自己的投放平台才行。甄稀冰激凌的成功之处在于两点：其一，选择的综艺节目由腾讯视频出品，且主持人知名度很高，至少在展示量方面无须担忧；其二，这是一档美食类节目，将甄稀冰激凌放进去也不会显得突兀。如果冰激凌这种热量比较高的食物被放到健身节目中，那么一来节目效果可能不会太好；二来即便观众想要购买产品，可能也会因为担心发胖而打消这个念头。

1.4.2　定位投放人群

提高 ROI 的本质还是要获得目标市场的支持，直白地说，如果投放人群的定位不是很精准，那么用户很难为自己不喜欢或没有需要的产品买单。在这里，绘制用户画像就显得很重要了，而且在绘制过程中也少不了对数据的应用，数据的采集、整合效果都能影响最终的绘制质量。

当企业对目标人群有了详细而客观的了解之后，就要将其与几个预计要投放的渠道进行匹配了，匹配程度越高，就意味着企业 ROI 提高的成功率越大。如果你将《王者荣耀》相关的营销广告投放到年轻用户比较多的渠道，那《王者荣耀》的转化率都有可能得到提升；但如果你将其投放到中年人比较多、以社会新闻为主的渠道中，那投放效果就很难达到理想状态了。

1.4.3　持续跟踪数据

有些企业虽然能够将上述两项工作落实到位，却没能做到持续跟踪数据，或者说还不具备这方面的意识。明明有时候营销活动的势头还不错，企业可以再接再厉获得更多的转化，但内部人员对数据的关注并不高，这就导致原本可以滚得很大的雪球，可能早早就已停止滚动。

另外，持续跟踪数据也是为了减少企业赔本的风险。如果甄稀冰激凌对每一期、每一季的产品数据变化都不是很在意，那就无法明确评估冠名节目的价值，当冠名费远远高于产品销售额的时候，甄稀冰激凌就该及时收手了，以免造成更大的损失。

1.4.4　做好售后工作

不要忘记我们强调过的闭环营销数字化这个潮流，现阶段 ROI 的提升并不是一个短期目标。企业必须将目光放得长远一些，不只要将普通用户变为付费用户，最好还能使其成为品牌的忠实用户，不会在营销活动结束后便轻易流失。唯有如此，企业为营销而做出的努力才不算白费。

社会的进步不仅使消费者的需求变得更加多样化，而且还将售后服务的地位抬高了许多。有时候哪怕用户跟着营销渠道的指导完成了付费，如果品牌方的售后服务质量很差，那么用户对品牌的印象也会变差，很难进行二次购买。

企业只有获得了较高的 ROI，才有条件去做其他更大规模、更具独特性的营销活动，否则，如果企业持续处于亏损状态，抛开资金谈梦想可就非常不切实际了。

1.5 重新理解：8句话帮你重新理解互联网大数据营销

互联网大数据营销从表面来看很容易理解，就是指要善用大数据，将其与营销工作结合到一起，要用新型营销理念去看待问题。但是，互联网大数据营销也没有这么简单，它并不是人们用一两句话就能说清的，因此我们必须离它再近一些，对其进行更深入的理解才行，详细的内容要点如图1-7所示。

| 是完整的过程而非单独环节 | 用户行为数据化是营销关键 | 传统客户关系迎来新的改变 | 竞争对手所处环境日益透明 |
| 改善用户体验成为重中之重 | 广告投放领域创新程度提升 | 个性化营销能够带来高增长 | 平衡数据同用户隐私的矛盾 |

图 1-7　对互联网大数据营销的详细解读

1.5.1 是完整的过程而非单独环节

我们可以将互联网大数据营销理解为一家食品加工厂，里面有许多不同职责的工作人员，有些人负责采购食材，有些人负责储存食材，还有人负责对这些食材进行加工处理……总之，每个部门都是不可或缺的。单独将一个部门负责的工作内容拿出来看的话，好像专业度也不是很强，但少了它又会影响整个食品加工厂的工作成效。

同理，大数据营销也是这样，其涵盖的环节很多，企业要做的就是将这些环节自然衔接到一起，而不能甩掉或模糊带过某个环节。大数据营销是一个需要闭合的圈子，但实际上能够将大数据营销环节完成闭合的企业只是少数，甚至一些企业的营销环节是残缺不全的。大数据营销一定是一个完整的过程，其中的某些环节可能会随着时间推移、技术进步而有所改变，但无论怎么变，营销都是由多个环节构成的。

1.5.2　改善用户体验成为重中之重

信息技术的发展催生了大数据时代的到来，还一并推动了企业营销手段的革新与用户需求的转变。在过去，决定消费者对品牌满意度的因素主要就是产品质量，而现阶段消费者则变得"挑剔"了许多，企业如果想要获得更多利润，就必须想方设法改善用户的体验感。

就拿淘宝推出的运费险来说，能够提供运费险的商家，销量会更加稳定，那些无须用户付费、免费提供运费险的商家更容易受到用户好评。总之，用户体验感也要与完整的营销流程相契合，企业在推进每一个环节的时候都必须考虑用户的感受，而这又与企业对大数据的利用紧密相连。

1.5.3　用户行为数据化是营销关键

俗语说"知人知面不知心"，就连关系很好的朋友，有时候都会表现出自己比较陌生的一面，或是做出一些影响双方友好关系的事情，就更不要说用户群体了。这倒不是指用户会做出什么不好的事情，而是企业不要过于自信，全凭自己的经验与所谓的判断力就拍着胸脯说已经了解了用户的行为状态，并且能够预测其下一步的行为动向。

用户虽然不是听从系统指令的机器人，却会在互联网中留下一些足迹，这些足迹就是由各种数据组合而成的。顺着这些足迹，企业就能够追踪到用户的具体行为，而不是全靠无凭无据的推理。将用户行为以数据化的形式记录，在当前已经十分常见。有些拥有技术人员的企业，还会通过设置"陷阱"(即数据埋点)的方式让用户的脚印能够更清晰地显示。用户行为能够透露出许多重要线索，企业得到的有价值线索越多，就越容易找到"宝藏"，因此企业务必重视用户行为数据化这项工作，这也是策划营销方案时的关键。

1.5.4　广告投放领域创新程度提升

相比此前无差别、大范围的广告投放形式，大数据潮流下的广告创新程度明显有了较大的提升，无论是广告投放者还是接收者都有了新的体验。程序化广告是这个时代广告内容的主要展示形式，品牌方不再专注于大面积撒网，而是会精心挑选自己的"鱼塘"，这样才能在控制投放成本的基础上带来较高的利润增长。

程序化广告的主要特点就是对大数据的利用非常深入。如果说过去的广告投放是以提高曝光度为主，那么当前的广告就是以锁定精准投放群体为主，后者往往能够为企业带来更理想的投放结果。另外，在智能工具的帮助下，企业能够更清晰、更及时地看到广告投放过程中的数据变化，这能让企业在继续追加与果断放弃这两个选项中做出正确的抉择。

1.5.5　传统客户关系迎来新的改变

在大数据还没有流行的阶段，很多企业虽然也非常重视品牌消费者，然而管理效率却不是很高，也很难培养出数量较多的忠实粉丝。会出现这种情况，一方面在于当时的企业难以搭建起同消费者沟通的畅通桥梁；另一方面则是因为企业对用户需求的了解不是那么透彻，所以也很难维护好双方的关系。

如今在大数据的帮助下，企业能够更加轻松地靠近自己的消费群体，传统的客户关系也因此迎来新的改变。就拿保险公司来说，一般像那种交纳保费数额较多的客户，都是保险公司密切关注的高价值客户，所以其会格外留心这些 VIP 客户的行为数据，如有些公司会对这些客户定期进行满意度的调查，而后将这些数据拆分开进行全面分析，这样做的目的是发现 VIP 客户的潜在需求，并及时剔除导致客户流失的风险因素。

1.5.6　个性化营销能够带来高增长

关于个性化营销备受关注的原因，我们也在前文进行了详细阐述，虽然并不是每家企业使用个性化营销手段都能得到理想的结果，但个性化营销的价值也不可否认。就拿可口可乐曾经在澳大利亚推出的个性化营销活动来说，其实活动形式相当简单：首先在一百多个可乐瓶上印刷一些常见的名字，然后人们就会纷纷寻找与自己同名的可乐瓶进行收藏；在活动的热度被炒起来之后，可口可乐又表示消费者可以在指定商场中提出自己的印制需求，印刷完成后消费者就能够获得一瓶印有个人姓名的专属可乐了。

这个活动推出的时间比较早，当时的大数据应用也没有现在这样流行，不过消费者的积极性依然很高，可口可乐也借由本次的个性化定制活动获得了可观的收益。个性化营销能够使消费者的独特需求得到满足，不过企业也要注意把控好个性化的火候，太过火的话后续效果可能难以把控。

1.5.7　竞争对手所处环境日益透明

大数据能够将互联网环境下大多数人的行为变得透明，就像一个心理学专家，能够透过人们的行为去探查其心理一样。因此，企业也要将目光放得更开阔一些，除了要对用户行为进行数据化的分析、跟踪，还要学会利用大数据去预测竞争对手的行为动向。能够分析竞争对手具体情况的数据有很多，如竞品销量、展示量、消费者好评度等。

不过换个角度考虑一下，当企业借助大数据来监测竞争对手的时候，对方其实也可以反过来监视自己。因此企业一方面要做好数据的筛选工作，保证自己获得的信息都是真实有效的；另一方面也要做好数据管理工作，特别是一些涉及企业核心业务的重要数据，就更要注意别轻易泄露出去。

1.5.8　平衡数据同用户隐私的矛盾

站在用户的角度，尽管其在大数据时代享受到了不少较以往更加优质的服务，但隐私问题也屡屡被推到风口浪尖上。近年来，确实出现过许多无良商家擅自盗取、使用用户隐私信息的情况，有时甚至会使用户承受巨大的经济损失。此外，还有不少人提出自己的疑问：即目前许多 App 都采取的智能化推荐算法是否安全？用户隐私是否能够得到有效保障？这其实也是许多企业在应用大数据的过程中需要考虑的问题，企业只有努力平衡数据同用户隐私之间的矛盾，才能在维护用户权益的同时让自己获利。

1.6 【案例】：大数据时代，能避免一半营销预算被浪费吗

营销预算是一个很关键的问题，无论企业当前处于哪一阶段，都必须做好对营销预算的管控。但有时候，企业面临的难点并不是如何制定预算，而是在营销活动结束之后，难以找到被浪费的那一部分营销预算是什么。例如，一家企业用 5000 元打造出的营销效果，与另一家企业用 10 000 元做出的营销效果相差无几，在这种情况下，后者的营销预算肯定是有所浪费的。那么，企业究竟要怎么做，才能尽量避免出现营销预算被浪费的现象，将每一分钱都花到刀刃上？

首先，我们需要明确一点：营销费用可以通过一定的手段去控制，但是该出的钱是一定要出的，低成本营销可不是零成本营销。在这个时代，每家企业都在绞尽脑汁地制定独特的营销战略，虽然互联网的发展使传统营销模式发生了改变，也为企业提供了更多机会，但是营销战场的竞争也愈发激烈。因此，营销如果一点儿损耗都没有，也是不正常的。企业的正确营销理念应该是在控制营销预算的同时，努力使其向适度范围内靠拢，不能过度压缩预算，也不能过度投入费用。

想要让营销预算不被浪费，企业就必须从制定预算的这一基础环节开始，对自己的投入方向、投入内容做到心中有数，而且还要对营销预算投入后的效果进行尽可能精准的评估。在过去，企业之所以会频频出现营销预算被浪费的情况，主要原因有两个：其一，与企业当时的传统营销观念密切相关，在传统营销模式的影响下，很多人都认为做营销活动最讲究的就是展示量、曝光度，目标是越多人看到越好，所以企业会投入许多资金去提高营销活动的影响力，这样就很容易出现展示量直线上升、转化率纹丝不动的情况，企业的大部分营销预算基本上打了水漂；其二，即便某些企业在观念上有所转变，基于当时还不是很发达的网络环境，想要对营销预算做出准确评估也很难，所以营销预算被浪费的现象依然得不到明显改善。

在大数据时代，品牌营销的观念在不断加强，可以说在这个时代不做任何宣传营销的话，基本上就将企业后续发展的路直接堵死了。在大数据的帮助下，企业能更好地避免营销预算浪费的情况，下面我们就来分析一下节省营销预算的常用方法，如

图 1-8 所示。

1　做好市场调研工作

设定精准的营销目标　2

3　制定完整的营销方案

提前进行效果评估　4

5　选择合适的传播媒体

图 1-8　节省营销预算的常用方法

1.6.1　做好市场调研工作

现阶段，企业在打算做营销活动或发布最新广告的时候，必须提前做好市场调研工作。企业经营的关键词中虽然少不了"勇气""果断"，但要将这些词与"莽撞"区分开。企业首先要明确产品当前的定位，以及其所处的市场环境，这样才能为之后要制定的详细营销方案奠定良好基础。

市场调研工作的烦琐程度要看企业所做营销活动的重要性，如果是比较重要的活动，那企业就要在市场调研环节耗费多一些时间，同时要用好各项调研数据。无论是对营销环境的分析还是对竞品的分析，都可以借助互联网来高效采集数据，并要做好数据的分析工作，这样才能对该营销活动是否要持续推进这个问题给出结论。

1.6.2　设定精准的营销目标

营销目标的制定非常重要，因为其会直接影响营销预算。基本上，大多数活动都会使营销费用有一定比例的浪费，没有人能够做到绝对精准地预算管控，只要看浪费的比例是否在企业能够接受的范围内。企业在设定营销目标的时候，必须注意参考市场调研的内容，这样才能得出合理、有效的营销目标。

想要投放的目标市场规模会影响营销预算的具体数值，如果企业根本不知道自己的目标用户数有多少，那在这样的情况下制定出的营销预算不靠谱程度会非常高，被浪费的费用也将难以把控。像"提高目标用户转化率"就是典型的不合格营销目标，企业要在了解实际市场情况的基础上，做出对具体数据指标的预估，如"使新增用户数提高 15%"。营销预算是要与营销目标捆绑到一起的，营销目标相当于是制定预算时的一个指引，因此，一定不能用过于随性的态度去设定营销目标。

1.6.3　制定完整的营销方案

在普通用户看来，营销活动的举办很简单，将前期预热工作做一做，而后按时开展活动就可以了；至于营销广告的投放，那就更不难了，谈好合作费用后企业就无须再操心了。但事实真的是这样吗？如果某些企业也对这种观点感到赞同的话，那就只能说明其对营销工作还是不够上心，营销预算浪费情况应该会很严重。

企业需要制定完整的营销方案，这样才能使每一笔钱都花得明明白白，而不是无限抬高或拉低营销预算。就拿预热环节来说，预热的形式是什么？选择在哪个平台进行？预热时间要持续多久？这些都是注入资金才能运作的，因此从某个角度来说，制定营销方案的过程也是企业审视营销预算是否合理的过程。

1.6.4　提前进行效果评估

以往之所以会频繁出现营销预算被浪费的情况，还有一个原因就是企业并没有提前进行营销效果评估的意识，要么抱着走一步看一步的态度，要么就是对营销效果过于自信，认为其肯定能够达到理想效果。这些想法使营销效果变得非常不稳定，企业也难以掌握主动权，全程几乎都处于被动状态。

因此，企业必须重视营销效果评估这一环节，不要将其略过，通过评估营销效果，企业也能初步了解营销预算的使用情况。在评估营销效果的时候，离不开大数据的帮助，企业可以从用户平时的行为数据来推测其参与活动的积极性，还可以列举几个营销场景用来对比，看看哪一个营销效果会更稳定一些。

1.6.5 选择合适的传播媒体

虽然有些营销活动可以靠用户自发传播，不过普通企业想要在当前打造出这种效果还是很难的。此外，媒体也在不断转型发展，即便是大数据时代也不代表媒体资源会失去存在的价值。媒体可以帮助企业更高效地传播营销信息，但想要选择合适的媒体，与媒体达成合作关系，也肯定不是无偿的，因此，对媒体的选择就变得至关重要。

如果选择了不适合的媒体，那很有可能会出现企业花了钱又得不到对等回报的情况，所以企业要利用大数据做好两个方向的数据指标分析：其一，该媒体的影响力、商业价值如何，有些媒体在业内没什么名气，就连基本的传播能力都不具备，这样的媒体通常没有合作的意义；其二，要考虑媒体的报价情况，有些媒体报价虽高，但能为企业带来较为丰厚的流量资源，有些媒体的报价与其综合价值完全不在一个层面，或其专业方向与企业的营销内容冲突，如果出现这些情况就要再斟酌一下了。

企业要明确一点，大数据只是帮助企业减少营销预算浪费的辅助工具，并不是百分百能够制胜的秘籍，所以在做数据分析的同时也要注意保持独立思考。对初创企业来说，营销预算能否管控到位、能否遏制资金浪费的情况非常重要，毕竟营销预算是帮助初创企业打开市场的必经之路，所以企业要尽量走得稳当一些。

第 2 章

基本意识：
大数据驱动营销效率提升的方向

想要用好大数据，就必须将自己的意识从传统营销模式中拉出来，转向与大数据相结合的新型营销方向。对初次接触大数据营销领域的新手来说，有一些误区是非常容易陷入的，如：不知道该怎样提问题或根本不具备提问题的意识，只是为了谈数据而去谈数据，不了解大数据营销背后的真正意义……这些都是新人经常会出现的问题。大数据营销表面上虽然是对数据进行一系列处理，实际上要解读的却是藏在数据中的用户心思。

2.1 基本方向：掌握数据+处理数据+解读数据

企业如何才能用好数据？如何才能跟紧大数据时代的节奏，让数据在自己的手中被开发出更大的价值？数据如果不能处理到位的话，就只是无意义的普通数字而已。就像某些学生同在一个班、被同一位学科老师教导、读同一本教科书，考试成绩却有显著差距一样，数据在某些企业里能起到强大的向导作用，有时还可以充当一下监管者，而有些企业则完全不能利用好大数据时代的优势。

出现这种情况，主要是因为企业对数据的具体应用还不是十分熟练，只知道用传统的观念、方法去对待数据，虽然知道数据很重要，却不能将数据应用的基本方向摸清。我们可以将数据的应用分为三大环节，每个环节都要串联起来，只有上一个环节的工作妥善收尾了，下一个环节才能顺利进行，否则就会出现数据无参考意义的情况。下面对三大环节分别进行详细阐述，如图 2-1 所示。

图 2-1　数据应用的三大环节

2.1.1 掌握数据

将掌握数据这一重要板块放在初始环节，就已经证明了其存在的重要性。我们可以将这个环节理解为做料理之前要进行的食材采集工作，俗话说"巧妇难为无米之炊"，专业能力再强的数据人员也不可能在没有数据的情况下凭空进行分析，换句话说，就算其能够得出一些结论，企业怕是也不敢贸然采用。

只有先做好数据采集工作，将数据掌握在手里，才能开始下一步工作。我们可以先来了解一下数据采集的重要性。

1. 提高分析精准度

在明确了采集方向的前提下，数据采集者通常要面向一个比较庞大的数据领域，对其进行初步筛选，一方面要保证数据的基础质量，另一方面要尽可能多采集一些数据。企业掌握的数据量越大，就越能使数据分析的精准度得到有效提升。

这就好比当前比较流行的选秀比赛，虽然最后能够出道的名额是有限的，但节目组却会在海选环节找来许多符合基本参赛条件的选手，然后再一轮一轮对其进行筛选，最终找到更多有潜力、有培养价值的优秀选手。节目在海选环节找 10 人与找 100 人的效果是不一样的，数据的采集也同样如此，可参考的数据量越大，就越能为相关人员提供更多的分析依据。

2. 全面了解内、外部情况

数据采集在商业环境中的应用场景十分丰富，就拿营销这件事来说，数据采集就可以根据制定的目标指向许多不同的方向，如目标市场的规模、内部资金的情况、竞争对手的动向、用户群体的黏性等。即便还没有进行深入的分析，某些数据也可以传递出一些积极或消极的信号，这样能够帮助企业更客观地了解内、外部情况。

3. 扩充信息储备库

不要对数据采集这项工作的理解太过狭隘，企业并不是只有在需要去做某件事的时候才会去采集数据，有经验的企业会将数据采集与日常工作流程融到一起。这样做，一来能够提高数据采集的效率，以备不时之需；二来能够扩充企业的信息储备库，再借助智能系统与权限设置来共享数据。

2.1.2　处理数据

处理数据这个环节，我们需要重点关注一下，因为很多企业会直接将数据处理与数据分析挂钩，但事实上这两项工作并不能混为一谈。试想一下，清洗食材，将那些腐坏变质的食材扔掉，与将食材放入锅中翻炒，难道是同一道工序吗？很明显不是的。处理数据是必要流程，做这项工作的必要性主要包括下述几个方面，如图 2-2 所示。

筛除无效数据　　　　完善数据内容　　　　提高数据规范

图 2-2　数据处理的必要性

1. 筛除无效数据

筛除无效数据是进行数据处理工作的关键，毕竟谁也不希望自己吃到的菜里会有腐坏的食材，这些食材不仅会破坏菜肴的口感，还会影响食用者的身体健康。这里提到的无效数据其实也可以用低质量数据来形容，如年代久远不具备参考性的数据，由于环境变化(如法律政策调整)而造成的数据变化，以及那些仔细看一下就能发现有明显错误的数据，这些数据都不应该被放到加工流程中，而是要尽快将其剔除。

2. 完善数据内容

数据处理其实也是完善数据内容的过程，比方说做某道菜需要的食材有盐、葱花、油等，这时候如果发现少了盐或油，就要及时补充。不过，完善数据内容的过程要比补充食材难度大，首先，相关人员需要具备敏锐的数据思维，并且要对自己负责的数据方向足够了解，这样才能迅速判断出数据采集的内容是否完整；其次，完善数据也很容易"出岔子"，如果再次填充的数据存在异常情况，会对后续环节造成影响。

3. 提高数据规范

其实从数据采集工作开始后，采集者就应该对数据进行初步的归整，将数据以表格或文档的形式发给数据处理者。但是，不同企业的规范程度也有所差别，一般前期数据的规范化程度越强，就越能提高后续的数据处理效率。而数据处理环节需要对数据进行更为专业的整理，不仅要将筛选、优化后的数据整合到一起，还要保证数据的一致性，比方说统计某产品在固定时间段内的销售额时，要么全部以"元"为单位，要么全部以"万元"为单位，不能出现混用的情况。

2.1.3　解读数据

　　前面两个环节的工作质量越高，分析师解读数据的速度就会越快，结果就会越精准。解读数据就相当于对处理好的食材正式开始加工，厨师要努力让烹饪结束后的菜肴变成一道美食，而不是色、香、味都不具备。目前，数据分析师这一职位的市场需求量还是很大的，特别是那些互联网领域的企业，会招收许多数据分析能力较强的人才，但是不要只看到这个职位表面上的丰厚报酬，他们的付出与回报往往是成正比的。

　　如果数据解读有误的话，就意味着其他成员先前所做的努力都白费了。数据分析师往往要承担较大的工作压力，因为其负责的是非常关键的一环，其在解读数据后得出的结论很有可能会影响企业下一步的决策。说实话，即便是非常热爱本职工作的人，也不会觉得解读数据是一件很有意思的事情，相反会觉得十分枯燥。不过，这也不是数据分析师敷衍对待数据的理由，优秀的人即便面对烦琐、枯燥的工作流程，也会用心对待它，并会想尽办法挖掘出更具参考价值的内在规律。

　　上述提到的三大环节每个都很重要，企业不仅要为每个环节安排适合的工作人员，还要规范好各个环节的秩序，不能出现交接时一团乱麻的情况。

2.2　提出问题：会提问题才是用好大数据的前提

　　想要用好大数据，员工就必须学会提出问题。或许有人会说，提问题也需要学习吗？这也算是一种值得拿出来说的能力吗？如果只是普通的生活场景，那么提问题可能只是一句随口的发问，但是在涉及企业重要营销事务的环境下，提问题可就不能如此随意了。只有提问题的角度找得好，解决问题时的方向才能更加精准。

关于提问题这件事，我们可以举个日常生活的例子。在学生时代，可能很多人都被老师问过这样一个问题："你觉得自己错在哪里？"表面看上去这是老师在向你提问题，而你是那个问题的解答者，但如果你根本就没意识到自己的问题在哪里，那么给出的答案就难以令老师满意。在这个时候，你就要在心里反问自己："我错在了哪里？是上课时偷偷玩手机，还是没有按时完成自己的作业？"无论答案是什么，其实你心里都已经有了一个提问的过程，只是自己没有发现而已。

将场景再切换回企业内部，职场氛围一般要比学生时代的问话严肃许多。假设你是一名负责企业微信公众号的运营者，某天你的老板将你喊到办公室，给了你一张带有公众号数据的表格，上面有公众号的粉丝量、文章阅读量等重要数据。这时候，最可怕的场景莫过于老板看着你不说话，而你又摸不清老板叫你来的真正用意，只能拿起那张表格认真浏览。然后老板又冷不丁问你："你觉得你的工作情况怎么样？"你该如何回答呢？

无论你给老板的回答是什么，都必须先用提问题的形式走一个常规心理流程：工作情况是好还是坏？数据中能够透露出哪些信息？文章阅读量在持续走低，导致这种情况出现的原因是什么？是文章选题与用户需求不符，还是标题的拟定存在问题？只有善于挖掘问题，你才能给老板一个比较满意的回答，而不是用一些模棱两可的句子来蒙混过关。

同样一句话，有时候思考问题的角度不同，找到的解决方法也不同。比方说有个人在网上发帖子"待业在家感觉好无聊"。A 回复："那你为什么不去找一份工作？"B 回复："那你为什么不出去旅游或是和朋友聚会？"两个不同的问句，会将问题指向不同的角度，也为这个发帖者提供了更多的思路。只有会提问题，才能将数据用好，在这里既可以采取假设提问法，也可以借助数据展开多维度的思考。

具备数据思维的人不一定会提问题，数据敏感度高也不意味着其能够用发散式思维去提问。有时候，企业难以将数据用好，主要还是因为提问题的角度过于单一。

举个例子，如果某次营销活动的转化率没能达标，而且比上一次活动的转化效果要差很多，这时候内部人员就必须找到转化率下降的原因。但是，很多人都只是从常规角度提出问题，如"是不是活动形式不够好""是不是活动福利吸引力不足"等，却没有站在其他角度去思考一下。比方说："是不是因为竞品也在相同时间做了营销活动，导致流量被瓜分？""是不是客服的引导工作没做好，导致用户中途流失，未能完成转化行为？"多找几个问题的切入点，才能让活动的不足之处暴露得更明显，为下一次的活动积攒经验。

爱因斯坦曾说："提出一个问题往往比解决一个问题更重要。"有时候，企业并不是不具备解决问题的能力，只是不知道问题出在哪里，所以常常会出现无从下手的情况。但是，企业也要注意一点，多角度提出问题也是要有合理依据的，一切都要基于客观数据来做推断，而不是凭空臆造一些不存在的问题。除此之外，在提问题的场景中，企业还要注意下述事项，如图 2-3 所示。

图 2-3　提出问题的注意事项

2.2.1　问题要清晰明确

在提问题的时候，要先将自己的逻辑捋清楚，提出问题只是为了让企业能够更好地去开发数据价值，不要将其想象成是一场辩论会，若语速快但逻辑较差或表述不清，也是没什么效果的。相关人员在提问题的时候，首先要注意自己所站的角度，是用户、产品还是竞品？一个问题最好只带一个角度，不要将几个主体同时融到一起，这样会使解答问题的效率变得很低。

2.2.2　避免封闭式提问

何谓封闭式提问？我们可以通过例子来讲解一下。假设某企业内部成员针对新品的外包装设计展开讨论，提问内容是："这款产品的包装用黑色配金色怎么样？"这样就将问题引向了一个相对狭隘的层面，成员很容易被无意识地牵引着走进"死胡同"；但如果将这句话替换为："这款产品的包装用黑色配什么颜色效果会比较好？"成员在讨论时的思维就会更加开阔。

当然，这里有一个很重要的前提，即封闭式提问并不是不能存在，而是需要在解答大方向问题的时候出现。简单来说，团队领导者或重要负责人需要就某件事提出一个主要的讨论问题，这个问题一定要向开放式的方向走，但成员在以提问的形式回答问题时，就可以相对封闭了，否则，全都是开放式提问，很难找到最终的出口。

2.2.3　要保持和谐交流

保持和谐交流这一点很重要。我们也在上文强调了这并不是辩论会，而是成员为了解决问题而进行的必要讨论，所以讨论过程中会有许多不同角度的观点是很正常的。如果每个人的问题方向都指向了同一处，这才不利于企业的发展。

在此过程中，难免会出现成员意见相左的情况，这时候是否能够合理处理这些矛盾就显得很关键——既不能直接表示某人的问题没有讨论意义，也不能草率判定某人的问题就是最终解决方案。提问题的意义在于能够为团队成员提供更多灵感，有时候得以"逃生"的大门往往不止一个。因此，每个人都要认真倾听他人的问题与详细说明，不要轻易下定论。

2.3　归因谬误：为了谈数据而谈数据将很容易"跑偏"

上一节我们主要讲解的是如何提问题，本节我们将就回答问题这个数据场景展开阐述。有很多企业对待数据还是不够上心，不能用灵活、全面的思维去思考问题，更像是例行公事一般，为了谈数据而谈数据。如果是这样的话，那么企业即便找到了所谓的出口，可能也会失去其他更具开发价值的出口。因此，企业成员必须努力提高自己的归因能力，并要利用好相关工具。

分析数据的意义是什么？是挖掘数据背后被隐藏的信息；是利用这些数据去做更多能够推进企业发展的事情；是通过各种类型的数据去查漏补缺，降低企业的经营风险。做这件事的意义可以有很多，但如果相关人员对待数据只是抱着找个答案就可以的态度，简单拆解一下数据就直接下定论的话，那么很多重要信息就难以被找到，这对企业而言并不是一件好事。

这其实就像是"为了工作而工作"这句人们常挂在嘴边的话一样，长期保持这样的工作状态会使人变得消极、怠懒，人就像上了发条的机器一样，只是在按照既定流程去工作，难以吸收更多的知识与有用的经验。谈数据也同样如此，我们可以举个例子：近年来抑郁症患者的数量越来越多，但经常会有人陷入归因谬误的误区中，不分青红皂白便直接将其患病原因统统归结为是原生家庭存在问题，而完全忽视了其他可能导致抑郁症的因素。

如果企业内部在谈数据的时候也是这种思维态度，那么数据的引导方向就有可能跑偏，导致企业在后续制定的一系列方案都是无效的。归因谬误的情况如果出现在企业谈数据的场景中，其实是非常危险的，因为企业可能会因此失去许多原本可以深入开发或继续优化的营销渠道。

比方说某企业推出了一款新品，而后在微信平台购买了信息流广告服务进行产品宣传，企业也取得了不错的收益。当企业复盘本次活动，提出"新品转化率高的原因主要是什么？"这个问题时，许多员工都会第一时间表示："是因为微信的信息流广告宣传发挥了效果。"单看这个回答似乎没什么问题，因为许多消费者确实是通过微信跳转到产品页面完成付费行为的。但如果将本次活动的成功完全归结到微信平台，那其实就已经犯了归因谬误的错误。

事实上，企业的广告投放虽然主要是在微信平台进行的，但在抖音平台也发布了一些产品测评的短视频，在企业微博第一时间发出了产品的清晰大图，在淘宝的官方店铺也做了一些限时优惠的活动。那么，在此过程中是不是会有用户通过抖音短视频而注意到产品？淘宝的优惠活动是否减少了用户付费的阻碍？如果企业没有考虑这些因素，而是直接将所有功劳都推给微信平台的信息流广告，那么再怎么深入分析转化数据都没有太大意义。因为企业会在之后沿着微信这条路径持续进行分析，而不会再思考其他的影响因素。

因此，在讨论某个数据的时候，相关人员一定不能敷衍了事，即为了找到某个答案而去谈数据，在找到一个看起来具备一定关联度的答案之后便不再寻找其他的答案。更有甚者，有人会连基本的关联性都找不到，比方说，某人认为活动办得很成功全是自己的功劳，因为自己负责筹划了大部分活动环节；但其却没有想到，如果没有其他部门如客服、运营的帮助，这次活动是否还能如此顺利地展开？再或者如果其所选渠道没有多少流量，那么活动还能在低成本情况下实现高效传播吗？

商业环境下的谈数据与学生时代做数学题时的谈数据可不是一个概念，后者更偏向于套用公式与逻辑思考；但前者却要让思维更加发散，以避免自己会出现错误、狭隘的归因行为。那么，企业如何才能尽可能避免在谈数据时出现归因谬误的情况呢？具体可以参考下述方法，如图2-4所示。

图2-4　谈数据时避免出现归因谬误情况的方法

2.3.1　不要草率归因

在谈数据时如果抱着过于草率的心态，完全不想对数据进行深入探索，认为这是一件浪费时间、没有必要的事情，那么会出现归因错误的问题也很正常。比方说某人在出门时遇到了一只黑猫，而后他经历了迟到、因为工作没有达标而被领导批评等影响心情的事情，所以便自顾自地将这些坏事出现的原因都归结到那只黑猫身上，认为是黑猫导致其运气变坏的。

这已经不仅是草率归因了，而是完全没有逻辑性的归因。企业人员在分析数据之前必须端正自己的态度，明确自己分析数据的大致方向，不要被主观臆断影响，要认真审视数据。

2.3.2　不要过度解读

与草率归因相对的是过度解读，面对数据可以深入挖掘，但也要注意控制火候，过于深入的挖掘与解读反倒容易导致方向出现偏差。大数据时代，企业对数据的依赖性越来越强，但有时将数据"神话"也不可行，并不是每个数据都能推导出一些有用的信息，也不是任何数据之间都能建立联系。

有时候某些数据蕴含的信息点就是很少，这时候内部人员就不要对其进行过度解读了，这种解读方法无异于是在逼迫一个没做过某件事的无辜者承认自己做过这件事，这种靠极端手段得到的"结论"并不具备应用价值。因此，适度在谈数据的场景中非常重要，过于简单的分析容易忽略一些重要信息，但过度深入解读又容易将结论引向不正确的方向，要平衡好这二者的关系。

2.3.3　客观看待自己

有些人会在某件事做成后，第一时间就将所有的功劳都揽过来，认为事件的成功都是因为自己。这种想法听起来似乎很自大，但实际上企业中抱有这种想法的人真的不算少，这种行为也算是归因谬误的典型。即便是企业的领导者，也不能将企业稳定发展的功劳全都放在自己身上，中高层的配合、基层员工的努力以及社会环境的影响，这些因素都与企业发展密切相关。因此，在谈数据时要注意客观看待自己，不要将自己的贡献过度放大，但也不必将其全然抹杀。

如何谈数据，怎样才能将数据用好，这是企业在当前必须认真思考的问题。谈数据的态度、方法缺一不可，如果方向跑偏就会影响企业的决策效果，所以务必要引起重视。

2.4　触类旁通：营销学中不可忽视的营销指标与非财务指标

营销学是一个很大的板块，里面涵盖了许多复杂构成要素，并不是用短短几句话就能说清的，也不是短短几天就可以学完的。营销学的内容会随着时代的发展而改变，但有一些指标却是企业必须掌握的，而且这些指标并非全部都由数据构成，团队成员要注意区分。不同的企业对营销体系的看法不同，搭建的形式也会有所差别，但体系中必须同时具备营销指标与非财务指标这两大营销学中的重要指标类型。

2.4.1 营销指标

营销指标对数据的依赖性会更强一些，也更容易被量化处理，我们可以总结一下出现频率比较高的那些营销指标，如图 2-5 所示。

图 2-5　常用的营销指标

1. 线上流量

线上流量的多少会决定企业营销活动的开展效果，但随着流量红利慢慢萎缩，许多企业从各个渠道获取流量的成本都在上升，因此每一个新增流量都显得格外珍贵。团队成员需要对线上流量的来源进行精准跟踪，不能只是简单统计一下某个平台的粉丝变化情况，要明确哪个渠道的流量贡献较大，哪个渠道的作用比较小，然后适当调整渠道的布局战略。

2. 转化率

转化率是企业用以维系自身生存能力的关键指标，也是营销场景中最为重要的指标，只有转化率能实打实地说明企业所做的营销工作是否有效，单靠流量、展示量并不具备太强的说服力。为了实现转化目标，每个企业都铆足了劲去做营销活动，毕竟这个时代营销已经成为提高品牌影响力的必备手段，没有人可以完全回避。

但是，很多时候转化率都不是处在一个相对稳定的状态，即便企业已经通过一些方法对某次活动的转化率进行了大致估算，结果也不一定会与估算范围相吻合。很多因素都会对转化率造成影响，因此，企业必须更努力地清除用户转化过程中的阻碍，这样才能使转化率达到理想状态。

3. 营销投放

关于营销成本浪费这个问题，我们也在前文进行了详细阐述。在这个时代，虽然有互联网的帮助，初创企业或许能够用较低的成本去做一些营销活动，但是一分钱都不出还是不现实的。因此，企业也要关注营销投放这一重要指标，在活动开始前要对其进行严格估算，活动结束后也要测评一下营销投放费用中被浪费的比例有多少。

有时虽然从表面来看某次活动的用户参与度与转化率都很不错，但是与营销投放对比，就会发现企业其实并没有从中赚到多少。不过，这也不能证明活动就是绝对失败的，有时候可能成本会比收益多一些，但是品牌影响力却得到了有效提升，这也是一个加分点，所以要学会全面、客观地分析数据。

4. 留存率

提到留存率，许多企业人员都会皱起眉头，因为留存率对于某些企业而言就像一个不能轻易触碰的伤口。但是，面对不容乐观的留存率，企业要做的不是转身回避，而是要思考到底是哪些因素导致了留存率的下降。

2.4.2　非财务指标

除了要掌握上述几类比较常见的营销指标，企业还要对另一重要构成——非财务指标有所了解。这些指标并不会完全与数据割裂，只是没那么容易量化，在解读这些数据之前也要对其进行常规的数据采集与处理，具体内容如图 2-6 所示。

1. 用户满意度

在营销场景中，用户满意度也是企业需要重点关注的指标。如果用户满意度较低的话，那么本次营销活动的效果应该也不会太好。如果企业想要详细评估用户满意度，可以设计一张用来研究用户满意度的表格，但要注意不能在满意度的评价栏中用"是否满意"这种问句来探询用户的心里想法，这属于典型的封闭式提问。

图 2-6　常见的非财务指标

企业可以用数字来划分满意度级别，比较常见的就是 1～5 这个区间，当然也可以根据企业内部情况来对其进行适当调整，但务必要记住不能划分太多级别，这样会干扰用户的正常思维。除此之外，团队成员也可以通过其他方式来了解用户对营销活动的评价，如电话访问或留意用户在各大社交网站的发言内容等。当企业收到用户投诉的时候，一定要重视起来，因为这种直白的反馈形式往往能够使企业更易于改善自己在营销工作上的不足。

2. 服务质量

企业做营销大都是为了推动利润增长，所以肯定不能再沿用传统时期那套只追求产品曝光效果却不注重服务质量的营销战略了。对服务质量进行考察，一方面能够间接了解用户的服务体验感；另一方面也能看出团队成员在工作时是否存在不妥之处，如果有的话就要及时调整其工作方式。

对于量化服务质量，我们可以借客服这一职位来举个例子。客服这项工作非常考验工作人员的反应能力，不要说长时间不回复用户，有时候超过十几秒甚至更短的时间没有回复就已经说明其专业度不足了。因此，企业可以根据内部业务情况与活动形式来为客服拟定相应的指标，如响应时间必须控制在多少秒以内，帮助用户查询某项信息不能超过多少秒等。

3. 产品属性

产品属性是经常会被忽视的非财务指标，因为在营销活动结束之后，很多人都会第一时间关注活动带来的收益与新增流量，却很少有人会对产品属性进行分析。常规的产品属性主要包括产品的尺码、颜色等，其实就拿产品尺码来说，很多时候用户没有顺利完成付费行为，就是因为尺码不合适。

这种问题多出现于服装、鞋品领域，当用户看上某双鞋的时候，如果发现适合自己的尺码售空了，那其大概率不会购买其他尺码了。因此，企业有必要在对活动复盘时看一下不同尺码的产品剩余情况，以便于在下次组织相同活动时能够提前做好备货工作。而颜色其实也是一个道理，企业可以通过对不同颜色产品销量的总结，来分析用户的喜好，有时候颜色其实也能反映用户的心理需求。就拿口红来说，如果企业发现标有"黄皮显白"这一特点的某色号口红卖得格外火爆，就可以从中推测消费者群体的一些基本特征了。

4．创新能力

创新能力与营销效果密切相关，那些俗套的营销活动早已让人们产生视觉疲劳，看一眼就会立刻移开视线。因此，想要在营销战场中取得胜利，其实关键也不在于为营销活动投入了多少钱，而是要看谁的创新思维比较强。就拿腾讯来说，其曾经以公益之名发起的"'小朋友'画廊"活动，在朋友圈迅速迎来了一轮又一轮的疯狂转发，其实腾讯并没有在宣传方面投入太多，靠的就是创意思维与对用户传播心理的捕捉。因此，创新也是营销场景中的制胜武器，企业一定要将其合理应用。

2.5　个性满足：大数据营销要对每位用户说"懂"他的话

无论企业追求的营销理念是什么，也不管其搭建的营销体系涵盖哪些要素，用户始终都是被企业放在核心位置上的重要主体。大数据营销比的可不是谁能掌握更多的理论知识，也不是谁的活动更有创意，而是要看谁最能靠近用户，读懂用户的心。即便是再具创意的活动，如果不能打动用户，那也是没有意义的。

每个人无论圈子大小，都会有专属于自己的社交网络，里面可能涵盖了亲人、朋友、同事与上级领导等。而在面向这些人的时候，我们往往要用不同的话术与态度，如面对亲人会随性一些，说一些涉及个人隐私的生活话题；而在面对上级领导时，则要明白说什么才能令领导满意，一般要让领导感受到自己对待工作的积极性、严谨性。总之，在交流过程中，一定要尽量说一些令对方受用的话，这样才能使双方的交流可以顺利进行下去。

大数据营销的本质上其实也是这样，只是要比正常的人际交往还要复杂，因为你在生活中可能只会面向几个不同的社交群体，而作为企业则要面对规模更大、用户属性更多样化的消费市场。虽然从理论上来讲，企业难以真的将每位用户都照顾到位，除了某些专门承接业务活动、提供私人定制服务的特殊性质企业，大部分企业在运营过程中都只能根据总体的用户画像来大致了解用户的属性与心理需求。

不过，如果企业对大数据的掌控与应用能力达到相应标准，就有可能做到与每一位品牌用户都进入"私聊"模式。这其实就是对用户个性化需求的满足，因为每个人都希望自己能够成为那个特殊的存在。所以企业想要争取更多高质量用户，就必须克服与每一位用户交流过程中的阻碍。在个性满足这方面，我们可以参考一下网易云音乐推出的年度听歌报告这一充满了个性化特征的交流举措。

2018 年年底，网易云音乐在 App 的首页对年度听歌报告这一新互动玩法进行了展示，许多用户带着好奇的心理点击页面，发现自己获得了一份个人专属的听歌报告。在这份听歌报告中，用户可以看到各种与自己有关的数据，每一个数字都能勾起一些重要的回忆，而且有一些数据是连用户本身都没有察觉的。

这份听歌报告不仅会提到与歌曲相关的数据内容，而且还像一个私人管家一样，能够对用户的行为动向"了如指掌"。比方说，用户在 2018 年有多少个夜晚是在深度 12 点后依然用网易云音乐听歌，在深夜听歌最晚的那一天又是什么日期，那一刻所听的歌曲是哪一首……有些用户会对此发出感慨，表示原来自己还有那么晚睡的时候，也有人会按照听歌报告中给出的内容坠入回忆的世界里，思考某天在深夜听歌的缘由与当时的心情。

这份年度听歌报告一经推出，便立刻引起了广大用户群体的关注，很多人会主动晒出自己的报告截图，因为他们认为这份听歌报告就像是自己的亲密朋友，能够让自己产生感动、怀念等情绪。

在 2019 年，网易云音乐吸收了上一年的经验后再次推出听歌报告，在内容质量上又得到了进一步的优化，对大数据的利用不仅更加熟练，而且借助大数据向用户"说"出的话也更易触动人心。如对深夜听歌的用户表示"你知道无论多晚，我都在"，对那些听年代久远歌曲的用户则表示"偶尔的怀旧，也会带来不一样的新鲜感"。在看到这些文案的时候，用户往往会产生自己被读懂的感觉，对网易云音乐的好感度也会更甚。

　　网易云音乐的用户规模并不小，而且属性十分繁杂，虽然其为用户呈现出的个性化报告看似只是一个很简单的小程序，实际上背后要做的数据挖掘工作量并不小，而且也离不开技术人员的帮助。有些企业可能由于自身实力不足或数据量不够等情况，暂时无法以这种形式来触动用户的情绪，但也可以分析一下在大数据的个性化营销模式下同用户"讲话"的技巧，如图 2-7 所示。

图 2-7　大数据营销模式下同用户进行个性化沟通的技巧

2.5.1　为数据赋予温度

　　数据是辅助企业读懂用户的重要工具，它如果只是单独存在并以原始形态呈现到用户眼前的话，那基本上是难以发挥任何作用的。有很多企业没能利用好大数据营销的优势，也不能满足用户的个性化需求，主要原因还是没有掌握数据的正确用法，特别是在面向用户的时候。用户需要的是有温度的数据，不是冰冷、易碎的玻璃制品。企业想要打动用户，就必须先让其感受到数据背后的温暖与故事感，这样才有机会得到同样带有温度的、来自用户的回馈。

2.5.2　进行用户细分

　　企业暂时做不了这种专业程度较高的个性化营销活动并没有什么太大的问题，因为这对企业确实有一定的要求。但是，除刚刚成立的企业，大部分企业都可以利用大数据来进行用户细分，用户分得越细致，就越容易在后面"说"一些能够引起用户情绪波动的话。这里可以参考一下生活中的那些造型师，越是优秀、专业的造型师，就越会结合每个顾客的特征来为其设计造型，而不是将同一个造型应用到所有顾客的身上，顾客的肤色、五官、性格都是需要参考的重要因素。

2.5.3　说的前提是听懂

很多时候，企业虽然也在努力向用户传递一些话语，但对用户而言就像白开水一样，过于平淡，完全没有情绪反应。这倒不是说企业必须 "说"一些多么热烈的话，而是必须保证自己是在听懂了用户心声的前提下，再与用户进行更深入的对话。

举个例子，如果你的朋友因为重要考试失利，没有在比赛中取得理想名次而婉拒了你的出游邀约。你却对朋友的坏心情毫无察觉，只是自顾自地继续邀其出来玩，说这次的出游内容有多丰富，那么这种时候你说的话只会使朋友愈发烦恼。在对用户"说话"之前，企业首先要做好倾听工作，不要仅凭自己的主观想法去做决定，个性满足指的可不是满足自己的个性，而是要满足用户的个性。

2.5.4　将数据串联起来

在这个时代，流量的规模虽然十分庞大，但也非常脆弱。如果第一次没"说"正确的话，那用户的反应或许还不会太大，但如果第二次、第三次还是没能让用户产生"你很懂我"的感觉，那么企业就该警惕了。有些企业在进行大数据营销的时候，整体呈现的是非常急躁的状态，匆匆忙忙看了一两个数据就觉得自己成了用户的贴心好友，事实上，这种零碎的数据是很难将用户完整画像勾勒出来的。因此，企业一定要将数据串联起来，让用户画像尽可能完整一些，这样才能更易揣摩其个性需求。

虽然用户心中很清楚，企业所做的一切都是为了能够获取更多利益，而不是真的想和自己进行一番心贴心的对话，但企业是否用心这一点还是可以看出来的。越是用心进行大数据营销的企业，就越容易获得用户的青睐。

2.6　【案例】：用户因何会为淘宝时光机而感动

经常看动画片《哆啦 A 梦》的用户，肯定不会对时光机感到陌生，大部分人在小时候可能都会幻想自己也有一台可以自由穿梭时空的机器。目前的技术水平虽然还不能将这个愿望实现，淘宝却能够借助大数据将网购用户带到过去，让用户回顾一下自己同淘宝这一路走来的历程。

淘宝时光机首次出现的时间很早，在 2012 年"双十二"来临之前就已经推出。当时各种网购平台的出现虽然也对人们的生活习惯造成了一定影响，不过互联网覆盖程度还没有当前这么高，许多人对信息网络的认识也处于初级阶段，而淘宝时光机的出现则令其第一次朦胧感受到大数据的厉害之处。

如果我们在网上搜索一下"淘宝时光机"这个关键词，还可以看到一些论坛上年代久远的帖子，许多留言日期也都在 2012 年 12 月，里面出现频率最高的词语就是"感动"。有用户心情复杂地表示，虽然淘宝"坑"走了自己许多钱，但淘宝时光机的内容却也差点让自己看哭。明明只是一款购物 App，为什么还能将这么多用户感动到呢？我们可以来分析一下其中的原因，如图 2-8 所示。

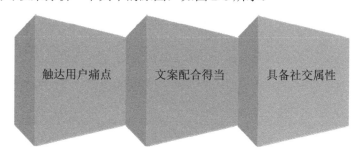

触达用户痛点　　文案配合得当　　具备社交属性

图 2-8　用户被淘宝时光机打动的原因

2.6.1　触达用户痛点

2012 年，淘宝利用大数据的熟练度绝对不能与当前相比，但从淘宝时光机中的大数据内容来看，淘宝第一次正式交出的考卷分数并不算低。如果用户能够将页面从头拉到尾，就会发现与自己有关的大数据内容虽然很多，但每一个都不是多余的，其中更是有许多内容可以精准触达用户的痛点。

淘宝将这些大数据内容定位到了很多不同的场景中，校园时光、生活日常、亲情时刻……这些都是人们非常熟悉的场景，而且会在回忆时自然而然地产生一种亲切感。可以看出，淘宝在选择大数据应用方向的时候，目标是非常清晰的。大部分用户在网购过程中都会留下数据印记，如果淘宝团队没有认真做好数据的筛选、处理工作，只是快速将所有数据整合到一起，那"淘宝时光机"就难以发挥作用了，给用户的感觉就是一张冷冰冰的年度数据报告。

这样的大规模数据整合形式适用于淘宝内部，即在做工作汇报或彼此交流时能够用到。但用户需要的可不是未经加工的"原始材料"，团队成员必须明确哪些数据才能对用户有所触动，这样才能借助"淘宝时光机"来感染用户，提高其对平台的忠诚度。我们可以提炼几个用户讨论度比较高的大数据，来分析一下这些数据是如何戳中用户痛点的。

人的一生会有许多"第一次"，像是第一次买的杂志、第一次玩的游戏……这些都是值得纪念的回忆。因此，淘宝也肯定会总结用户第一次在淘宝购买的产品，有些人是书籍，有些人是模型……用户在看到自己首次购买的产品时，便会自然浸入久远的回忆里。此外，淘宝还捕捉到了人们对亲情、爱情的依赖感，会通过用户的购物行为来做出总结。比方说，用户首次购买有"情侣"字样的产品时，"淘宝时光机"就会将这一天判断为是一个"特殊的日子"。

最后，"淘宝时光机"还统计出了用户与淘宝一同走过的时间，以及用户收到的包裹总数、停留时间最长的收货地等。这些数据让用户感慨："淘宝是怎么知道我养宠物的？""我居然已经买了这么多东西！"

2.6.2 文案配合得当

如果这些大数据不能与优质文案配合得当的话，那么其就只是没有温度的数据而已，用户看完之后充其量也只是感叹一下信息技术的强大，很难产生感动的情绪。大数据只是淘宝用来深入了解、接触用户的工具，或者说是一种手段，在"淘宝时光机"中它绝对不能独立存在。下面可以对比一下有无文案的内容效果。

就拿迎接新生命这一板块来说，淘宝给出的文案是："为了迎接那个小生命，你满脸幸福，忘了辛苦。"如果没有这句文案的话，效果可就截然不同了，一句机械化的"你在 20×× 年 ×× 月 ×× 日第一次购买母婴类产品"，顶多也只能让用户回忆起孩子刚出生的那一年。情感比较丰富的用户或许在看到数据后能够有所触动，但触动程度也与有文案的形式差距很大。"淘宝时光机"中的文案之所以能够与大数据联手对用户情绪造成猛烈冲击，主要原因在于下述几点。

1. 文字简单质朴

虽然淘宝用户的学历层次有高有低，但这并不意味着高学历的人就希望在"淘宝时光机"中看到一些专业数据、复杂词汇，反倒是越简单质朴的文字，越容易将其打动。淘宝团队成员在拟定文案的时候，并没有刻意向高级文字的方向靠拢，而是力求用具有温度的文字来感动用户。

像是校园时光板块中"翘过的课、流过的泪、惴惴不安的梦想"就很容易让有过类似校园经历的用户产生共鸣，而且离开校园越久的用户，就越会为此而感到怀念、伤感。"淘宝时光机"设立的初衷不是交给用户一份学术报告，而是要像一名亲切的长者或朋友一样，与用户一同翻看时光相册，细数这些年来的重要人生节点。

2. 没有过分煽情

因为大数据本身只是一些数字，所以淘宝才要借助文案来赋予其温度，但有时候过高的温度并不能让用户一同升温，而是会起反作用。有时平平淡淡的描述最容易击中用户内心的柔软之处，过度煽情反倒会有一种虚假感，一句"如今的你，又在为谁挑选礼物？"足以触动用户，过度描述反倒会将这种感觉冲淡。

3. 带有搞笑元素

"淘宝时光机"的文案能够配合数据让用户产生多种感受，而不仅仅是怀念、伤感，有时候适当地搞笑也是很必要的。比方说用户第一次在淘宝下单的时候，文案内容是"小鹿乱撞，激动涕流"，虽然有一定的夸张成分，但也能让用户想到开始网购的那段时光，因此而会心一笑。

2.6.3　具备社交属性

"淘宝时光机"的社交属性很重要，这里的社交一方面是指"时光机"为用户与朋友、恋人、亲人在网购场景中搭建起来的关系网，另一方面则是指用户在看过"时光机"内容后产生的交流、分享欲望。虽然"淘宝时光机"反映的是用户个人的网购经历，但许多用户也会在论坛中晒出自己认为值得纪念的截图，并会在其他用户的留言页面下进行回复。

2013 年，淘宝又一次推出了纪念淘宝十周年的"时光机"，而这次的"时光机"相比 2012 年更加完善，用户参与度也非常高。其实"淘宝时光机"的成功之处并不仅仅在于对大数据的开发利用，而是能够配合各种网页元素勾起用户的怀旧感，其中文案、配图、音乐都做出了较大的贡献。

在非工作场景的情况下，如果想要借助大数据来拉近与用户之间的距离，就必须找准能够打动用户的那个点，让用户能够"触摸"到大数据的温度。如今，淘宝对大数据的利用已经愈发成熟，不过 2012 年的感动却是不可替代的。

第 3 章

客户定位：
用大数据更快、更准找到目标受众

　　企业如果想要将市场营销的效果做好，就必须利用大数据提前将客户定位的工作做好。只有找到自己的目标受众，企业在制定营销战略的时候才会更具针对性，实施效果也会更加稳定；反之，企业就像汪洋里没有方向的小船一样，不知道往哪边走才能上岸。但是，找到目标受众只是第一步，企业还须借助大数据的力量对其进行更深入的挖掘，这样才能更了解用户的需求。

3.1 痛点挖掘：市场痛点的内涵与相关数据查找、验证

3.1.1 市场痛点的内涵

如果企业要提高自身的营销质量、减少营销成本的浪费，就必须将痛点挖掘的工作做好。何谓痛点？许多女性在生活中经常会化妆，有时候在一些比较严肃、庄重的场合，最起码也要化一些淡妆。但是，化妆品对皮肤会造成不同程度的损伤，有些化妆品甚至会对人体造成危害。因此这些女性消费者在使用化妆品时，一方面希望化妆品能够使自己拥有更加精致的妆容，另一方面又很担心化妆品带来的伤害。当其在使用产品时因为某些问题而感到焦虑、担忧的时候，痛点便随之出现。

每个人都有各种各样的痛点，且数量通常不会很少，而企业要做的就是将以目标用户群体为主的市场痛点精准挖掘出来。不要觉得这是一件很容易的事，有时企业自以为挖到了市场痛点，实际上这个痛点不存在，或者说真正有价值的痛点还处于隐藏状态。为此，企业必须先了解市场痛点的内涵，这样才能尽量避免痛点挖掘过程中出现方向偏移，具体内容如图 3-1 所示。

基于用户体验　1

2　覆盖范围广泛

外部环境影响　3

图 3-1　市场痛点的内涵

1. 基于用户体验

通常情况下，出现的市场痛点都是基于用户体验，换句话说，就是用户在使用产

品或体验相关服务的过程中遇到了一些问题、麻烦，所以才会产生情绪上的抵触感。举个简单的例子，有些人在吃橘子时很谨慎的原因就是怕吃到酸橘子，但有些从来没有吃过橘子的人在第一次吃橘子时就不会有这种顾虑，因为其并不了解橘子的口感，所以在初次品尝时也不会有害怕被酸到的顾虑。基于用户体验得到的痛点是最真实的，因此企业一定要做好数据采集的工作。

2. 覆盖范围广泛

市场痛点的覆盖范围大都比较广泛，即企业挖掘到的某一市场痛点应该可以引起大部分消费群体的共鸣，范围过于狭窄的痛点一般不具备剖析的价值。有些产品面对的市场痛点可能不止一两个，比方说蓝牙耳机这款产品，比较常见的市场痛点可能是续航能力差、戴久了耳朵会不舒服、杂音比较明显等，这些都可以被纳入可供挖掘、研究的痛点范围内，而且每一个痛点都能得到使用者的积极响应。

但是，如果有用户表示自己戴耳机会过敏，那这个就不属于广义上的市场痛点了，这类用户可以自行去定制耳机，企业通常不会将其放进价值较高的痛点分析领域。不过，这也能够为企业提供一些灵感，比方说，哪些材质对过敏人群会比较安全，这种材料的成本是多少，是否值得为此而对产品进行改善等。总之，市场痛点应该是大范围的，但同时企业也要关注个体用户遇到的问题，有价值的话也是可以参考的。

3. 外部环境影响

有些产品面向的市场原本是不具备某个痛点的，但随着外部环境出现变化，受其影响的市场便会产生新的痛点。招商证券股份有限公司在 2019 年对奶粉市场进行了一次深入调研，其中有一个板块统计的是对我国消费者购买奶粉的决定造成影响的几大因素，排在前三名的分别是品牌、安全与营养成分，而价格、促销活动等因素则排在相对靠后的位置。

这其实就是奶粉市场痛点的清晰体现，而过去该市场的痛点主要体现在产品价格与营养成分上。在三聚氰胺事件发生之后，许多消费者都不敢再轻易购买国产奶粉，尽管事件发生后国内对于奶粉的质量有了更加严格的把控，类似的事件也没有再出现，但消费者的恐惧却很难轻易消除。

3.1.2　查找市场痛点的注意事项

了解市场痛点的内涵只是挖掘痛点的基础，事实上很多企业都没能找到那个最有利于提高产品价值的痛点，这主要是因为其对数据的利用不到位。光凭主观臆断去推测用户的痛点可能是什么，或是自己去揣摩用户的想法，都不利于企业精准挖掘市场痛点，只有在大数据的配合下，才能找到挖掘市场痛点的正确方向。在利用相关数据查找市场痛点时，需要注意下述事项，如图3-2所示。

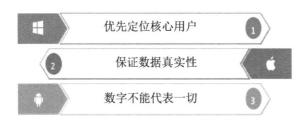

图3-2　利用相关数据查找市场痛点的注意事项

1. 优先定位核心用户

对大型企业来说，比如华为、腾讯等，其所拥有的市场规模一般也会很大。在这种情况下，利用数据来查找市场痛点的工作，其难度、消耗时间也会增加，但这又是挖掘市场痛点的必要一环，要怎样处理才好呢？企业可以优先将市场中的核心用户筛选出来，这些用户的特征就是对产品做出的贡献较多且活跃度也很高，拿游戏举例的话，就是登录频率稳定，付费能力较强。

这些核心用户的痛点肯定不能代替完整市场，但参考价值却很高，在某种程度上能够为内部人员指明痛点挖掘的路径。通过采集核心用户的相关数据，如购物习惯、基本属性、行为偏好等，企业就能够初步找到其在使用产品过程中遇到的一些问题。除此之外，企业也要认真地对待其他有效用户的数据，核心用户的痛点挖掘只能起到引导作用，其他用户的痛点同样值得重视，而且这样做会使痛点挖掘的效率更高。

2. 保证数据真实性

我们在前文已经强调了数据处理工作的重要性，这也要求企业人员在采集数据时必须保证数据的真实性，比方说，有些用户在问卷调查中将自己的年龄设定为八九十岁甚至更大，为求保险，这种数据最好就不要分析了。虚假的数据本身就代表了谎言，在此基础上得到的痛点结论也会有所偏差，因此内部人员必须把控好数据清洗环节的质量。

3. 数字不能代表一切

为什么我们说要让大数据去配合着挖掘市场痛点，而不是完全由大数据来主导方向？因为互联网时代虽然使企业更容易洞察用户的行为轨迹与心里想法，但其并不是万能的。举个例子，现阶段很多智能机器人可以同人们自然交流，然而一些涉及情感方面的知识它还是欠缺的。数据可以让企业对自己的市场有更深入的了解，但这些数据不能代表一切，有些痛点来源于人们的情感，这是目前单靠数据无法高效触达的领域。

当企业靠数据找到了市场痛点之后，先不要急着将痛点内容立刻投入到产品的研发、优化工作中，因为没有人能确定这究竟是不是市场的真实痛点，或者说这些被挖掘出来的痛点是否具备实际价值。因此，企业如果想要降低痛点应用风险的话，最好利用数据验证这些被挖掘出的痛点的正确性。

这里可以参考实用性比较强的 MVP(minimum viable product，最小可行性产品)测试工具，其主要应用原理就是由小及大来进行痛点测试，通过一点点推进小范围测试、验证假设、调整方向等重要步骤来完成一个个测试循环，最终在得到测试用户的一致好评后，便可以对其进行大面积的应用了。总之，一定不要轻视痛点验证这项工作的重要性，其能够将企业挖掘到的痛点价值最大化。

3.2　人群定位：人口学数据与企业市场营销间的关系

3.2.1　人口学概述

企业想要将市场营销的工作做好，必须明确自己面向的主体对象是谁、具备哪些特征，这就要求企业必须做好人群定位的工作。但是，大数据背景下的定位工作并没有那么好做，光靠普通的数据统计方法可能难以达到最佳效果，因此，有时还需要用到人口学的知识。

人口学是一门社会科学，从事市场营销工作的人应该不会对其感到陌生，他们虽然不一定要将这门学科吃得多透，但基础的理论方法还是要掌握的。人口学中有一个很重要的部分是人口统计学，单从名称我们就可以看出其对数据的依赖性。人口学的主要作用就是对相关人群进行更细致的划分，比方说以年龄、性别为要点来进行划分。

如果企业能够利用好人口学这门学科，那么它就可以更加直观地看到目标人群定位情况，也能绘制出较为完整的用户画像。企业可以根据产品性质来进行人群定位，有些产品适用范围较广，所以面向的人群属性也比较复杂，这时候企业就需要利用人口学知识对其进行更精准的拆分与定位；还有些产品的目标针对性比较强，用户属性较为统一，不必进行过多的拆分，不过这也需要在人口学知识的帮助下完成画像。

3.2.2　利用人口学数据进行人群定位时的注意事项

简单来说，人口学数据能够使企业更清晰地审视自己的目标人群，而不会像隔着一面雾蒙蒙的玻璃，对消费者的详细情况一点儿都不了解。与此同时，企业对目标人群看得越清楚，在推进市场营销工作时的效率就会越高，这其实就是"有备而来"与"匆忙上阵"的区别。对人口学数据的合理应用，可以提高企业市场营销的质量，从而为企业带来更多新流量，这其实也是一个健康循环的过程。不过，在利用人口学数据进行人群定位的时候，企业还需要了解下述事项，如图3-3所示。

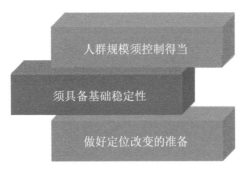

图3-3　利用人口学数据进行人群定位时的注意事项

1. 人群规模须控制得当

无论企业是否要进行人群细分，都必须使人群规模保持在合理范围内，如果人群规模太小就会导致数据量过少，这样一来即便有人口统计学的配合，分析价值也没那么高。试想一下，假如你划分出的某类型人群数量不足十人，那这十人即便收入较高，对品牌产品也非常认可，对企业而言依然不具备单独成组的意义。过小的人群规模细分价值较低，这也要求企业不能为了细化而细化，有价值的细化才不算浪费时间。

2. 须具备基础稳定性

有些用户特征是相对固定难以改变的，如性别、星座等；还有一些特征则是比较灵活的，如职业、行为偏好等。企业在进行人群定位时，要着重关注那些不稳定的特征，如果这些特征很容易发生改变，那说明这类人群对企业而言是不稳定的、难以掌控的，有时候可能需要耗费较多的成本才能使其慢慢稳定下来。

当然，是否要对这类用户群体予以重视是企业的自由，如果企业在权衡之后认为其具备可开发的价值，那也没有问题。但对根基不稳、资金也不算充裕的小企业来说，这种带着不稳定特征的人群，携带的风险也比较高，对待其最好慎重一些，在前期的营销工作中无须给予其太多关注。

3. 做好定位改变的准备

具备稳定性的人群能够使企业的市场营销工作得到更加顺利的推进，但毕竟人口学的研究本身就是动态的，想要让人群永远保持固定不变的定位是不现实的，因此，企业也要做好人群定位改变的准备。比方说，人群家庭结构的改变会对市场营销效果造成影响，但好在这种改变与人群稳定性并不冲突，大多数企业都可以接受，只是要对每个时期的市场营销战略进行相应的调整。

3.2.3　对人群定位影响较大的因素

在利用人口学数据进行人群定位的时候，不同企业设定的统计指标应该都会有些差别，但总体来说大方向应该还是比较统一的，我们可以总结一下这些对人群定位影响较大的因素，同时分析一下这些因素对企业市场营销造成的影响，如图 3-4 所示。

图 3-4　对人群定位影响较大的因素

1. 基本因素

基本因素应该是企业最容易捕捉到的人群特征内容，主要包括年龄、性别这两大重要因素，如果企业觉得有必要的话，也可以将人群的种族一并加上去。别看这两个统计要素十分基础，它们却是企业开展市场营销工作时必不可少的。就拿性别来说，女性相比男性在网购方面的积极性会更高，而且更容易被各种营销活动勾起冲动购物的兴趣，这也是企业能够掌握的一个重要切入点。如果企业在进行人群定位时发现自己的女性用户占比偏高，就可以考虑多做一些情感营销活动，以此来触动目标人群。

2. 行为因素

在互联网环境下，用户的一举一动都会留下记号，企业要做的就是采集用户留下的行为数据，而后根据用户的具体行为进行人群定位。比较常用的行为数据有登录某App 的频次、使用核心功能的频率与时长、浏览路径等。根据这些行为数据，企业可以对人群进行更细致、更精准的定位。只有掌握了人群的行为轨迹，企业布置市场营销活动的目标性才会更强，才有机会让用户按照自己铺设的路径前进。

在这里，企业需要着重分析的是用户行为背后的动机，而不是单纯评估行为数据的好与坏，只有了解用户做某事时的动机，企业才能初步掌握其行为偏好与心理需求。同时，企业也可以根据用户的行为数据，分析阻止用户产生消费动机的因素有哪些，在进行市场营销时要努力让这些因素消失，这样才能提高营销活动的成功率。

3. 社会因素

最后，企业还要利用人口学数据来分析一下对市场营销至关重要的社会因素。社会因素主要涵盖的内容包括人群的职业、收入水平、家庭关系、文化程度等，与上述因素相比需要分析的信息点要更多一些。就拿人群的文化程度来举个例子，某博主曾经在微博上发了一条带有历史知识的搞笑梗，评论区有人会为此而哈哈大笑，有人却打出了表示疑惑的问号，这其实就是用户文化知识积累程度的不同所导致的结果。

社会因素对企业市场营销的帮助很大，特别是人群职业与收入水平这两个要点，能够直接决定企业所开展的营销活动的形式与内容。就拿钉钉来说，钉钉的用户群体可以按照人群职业划分为学生与上班族两大类型，而钉钉曾经针对后者做了一次地铁站内的营销活动，将目标对准了那些艰难创业的群体，在地铁站中印上了能够引起用户共鸣的宣传文案。

虽然大学生创业的人目前也不在少数，但钉钉作为一款企业软件，使用者还是以正式迈入社会的上班族居多。如果所有营销活动都以学生为主体开展，而没有进行人群细分与精准定位的话，那钉钉的发展也不会如此迅猛。

总而言之，如果企业人员能够将人口学数据利用得当，那么在推进某阶段的人群定位工作时，效率与质量必然能够得到有效提升。而准确的人群定位也是企业开展市场营销活动的重要基础，因此人口学数据与企业市场营销之间具有十分密切的联系，在市场营销中应该重视对人口学数据的应用，提高企业市场营销的整体水平。

3.3 市场调研：如何获得一个细分市场的专属数据

规模越大、业务种类越多样化的企业，就越容易划分出更多的细分市场。像是以日用消费品为主营方向的宝洁，旗下就有洗护发、化妆品、婴儿护理品等多种类型产品，因此其必须对市场进行细分，这样才能获得更稳定的增长。但是，有些企业在进行市场细分时所做的工作并不到位，无论是初期划分还是后期管控、评估，都存在较大的问题，这其实也能间接反映了企业市场调研能力薄弱。

首先，企业如果想要进行市场细分的话，就必须获得客观有效的数据，而不是粗略地看了一些用户基本特征便立刻开始细分市场。其次，细分市场的目的是为企业带来更多发展机会，所以在之后也要借助各项数据去评估细分市场的商业潜力与可开发价值。这其中的大部分工作都离不开数据，也离不开以采集数据为主要职能的市场调研。

只有将市场调研的工作做好，企业才能更高效地获得来自细分市场的专属数据，而后才可以为其制定相应的营销策略。市场调研的工作做得越好，企业就越容易在数据的支持下做出正确的决策，细分市场的商业价值也能清晰展现出来。下面，我们就来梳理一下市场调研的基本步骤，如图3-5所示。

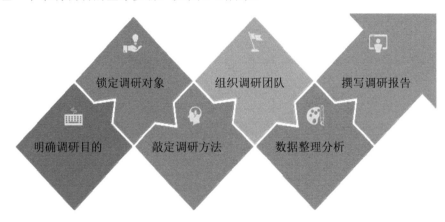

图 3-5　市场调研的基本步骤

3.3.1　明确调研目的

市场调研必须提前将调研目的确定下来，否则企业就会像漂浮在茫茫大海上的一叶小舟，找不到方向，也难以有所收获。大数据时代，企业能够获得的数据量远比过去要多，但这些数据对企业来说都是有用的吗？没有方向的市场调研将会消耗企业人员大量的时间与精力，而且付出与收益也很难成正比。确定调研目的的过程其实也是调研人员提问题的过程，如"我想借助这次市场调研得到哪些数据？解决哪些问题？"并且要注意调研目的必须清晰明确，不能含糊带过。

3.3.2　锁定调研对象

确定了调研的目的之后，下一个步骤就是锁定调研对象。调研人员必须明确自己采集数据的方向是什么，否则，如果不设置人群条件的话，那消费者市场可谓是相当庞大，男女老少将全部成为市场调研的对象，这样的话，调研人员就算是昼夜不分地工作，也看不到调研的尽头。

企业需要对自己的细分市场有所了解，在市场调研之前，可以了解得不那么透彻，知道一些大致信息点即可，如市场调研的对象是以家庭主妇为主还是学生群体为主，而后再通过市场调研来采集更加全面的数据。此外，调研人员还要注意一点，即调研对象的规模一定不能太小，否则数据样本量也会非常少，这会对后期的数据分析工作造成极大影响。

3.3.3　敲定调研方法

市场调研的方法有很多种，调研人员可以选择一种或多种适合企业的调研方法，不同方法带来的数据采集效果也不一样。比方说问卷法的优势在于能够帮助调研人员采集到更丰富的数据，且在互联网环境下问卷的收发统计比较快捷，数据精准度也会更高一些；而实验法的测试范围则比较小，不像问卷法那样能够直接覆盖大部分调研对象，利用实验法得到的数据量通常不会很多。

市场调研方法是企业获取细分市场数据的主要手段，因此调研人员必须重视对调研方法的选择，同时要了解每种方法的优势与应用技巧，不能像传统模式那样只是埋头采集数据，却不注重数据的质量。总之，如果企业有能力的话，完全可以多选择几种调研方法，这样能够使采集到的数据更加丰富，参考价值也会更高。

3.3.4　组织调研团队

有些武器的威力很强，但是要有会使用武器的人才行。组建的市场调研团队是否合理，会直接决定企业获取细分市场数据的最终质量是否达标。就拿市场调研采集数据方法中的观察法来说，观察法可不是派一个人长时间待在某地，像盯犯人一样牢牢锁定某些人群的行为动作就可以，这样做就算待再久的时间，企业也难以得到可供分析的有效数据。市场调研团队中的成员经验越多、专业性越强，在采集细分市场数据的时候效率就会越高。此外，团队成员的分工与配合也很重要。

3.3.5 数据整理分析

市场调研的方法敲定下来、团队也组建完毕后，便可以按照既定流程去采集数据了。但是，在这一过程中采集到的数据只能用于参考，不能将其直接应用到企业的实战场景中，因为没有处理过的数据并不能代表真实的细分市场数据。所以，想要获取来自细分市场的数据，就还要做好数据的整理与分析工作。

在整理、分析数据的时候，相关人员往往会面临一个问题：通过市场调研得到的信息、数据不一定是绝对正确的，很多时候被调研对象也会因为各种原因而撒谎。面谈或电话访问的方法是比较容易出现这种问题的，因为被访问者经常会在直接交流的过程中无意识说出一些谎言。举个例子，当你询问某人是否喜欢喝黑咖啡时，对方的回答虽然是肯定的，但其内心却不一定真是这么想的，有可能会因为"喜欢喝甜咖啡比较掉档次"等理由而下意识找了一个令自己安心的回答。

但是，如果是问卷法的话，被调研对象说出真心话的概率就会更高一些，相对来说数据的有效性也更高。这就要求相关人员在整理数据的时候，最好不要将所有渠道的数据都汇总到一起，要按照不同的采集方法来对数据进行归类，而后再根据不同渠道来评估数据的可靠性。只有将数据整理分析这一步骤的工作做到位，企业才能获得来自细分市场的专属数据，这时候的数据才是相对成熟的、可应用的。

3.3.6 撰写调研报告

有些企业会将撰写调研报告这个环节省略，认为既然数据的分析结果已经出来了，就没必要再浪费时间去写调研报告了。虽然是否要省略这个环节是企业的自由，但为了保证数据的获取与应用效果，最好还是将其以调研报告的形式呈现出来。撰写调研报告的意义在于将琐碎的数据变得更加有条理，同时能够让其他部门的成员更容易理解数据，在制订营销计划的时候也可以以此为参考，而不是再耗费时间从数据库中去搜索该细分市场的数据。

市场调研是企业获得细分市场数据的必备手段，这也要求企业必须认真对待这项工作。另外，在企业面向不同的细分市场时，必须对调研方法进行调整，不能用相同的数据采集模板去覆盖所有细分市场，导致数据的参考价值降低。

3.4　场景定位：怎样找到用户需求最旺盛的业务场景

"场景"在生活中一般单纯用来形容某个场面，比方说在企业工作量非常大的时期，很多员工就会非常努力地推进工作进度，每个人都会专注于自己的本职工作，这就是一个员工努力工作的场景。但是，在市场营销的板块中，"场景"的含义却会发生一些变化，我们需要对这个词语进行拆分，来理解其真正的含义与应用方向。

先来看一看"场"这个字，我们可以将其理解为用户进入某个业务空间，并且能够在该空间停留一段时间，如果用户没有进入空间或以极快的速度在空间中消失，那就说明空间对用户的吸引力不够。至于"景"，则是指用户进入空间后去做的某些交互行为。对这两个字进行了单独解释之后，我们再将其与"业务"合并到一起，就可以推断出市场营销背景下"业务场景"的含义了：业务场景的主体一般是企业与消费者，当企业提供给消费者特定的产品或服务体验且消费者给出反应时，就代表业务场景是存在的。

就拿某大学生一天的日常生活来举例，该学生在结束了上午的课程之后，想要改善一下伙食，于是便在美团 App 上叫了一个外卖，其间又打开 QQ 音乐听了一会儿歌，吃过午饭后便进入了午休状态。在下午的课上，授课老师布置了一些作业，要求学生在做完作业后将其以邮件的形式上交。晚上，该学生打开背单词 App，又用半小时左右的时间背了一些单词。

看了上述这个例子，我们可以从中挖掘到多少个业务场景呢？叫外卖、听歌、通过邮箱交作业、用软件背单词……这些都是比较明显的业务场景。每一个业务场景的出现都是基于用户需求，这意味着企业如果想要获得更多资源，就必须找到用户需求最旺盛的业务场景才行。有时候企业的场景定位找错了，那产品的使用率可能就会随之下降，因为用户难以与场景产生互动，而唯有高频率的互动才能使用户对产品产生黏性。

直白地说，业务场景存在的意义主要就是帮用户解决一些问题，脱离场景的产品从原则上来说并不属于合格的产品，在市场中的竞争力也会很弱。那么，企业怎样才能找到最具价值潜力的业务场景？最重要的是要将几个问题想明白，如图3-6所示。

图 3-6　企业寻找高需求度业务场景时要思考的问题

3.4.1　场景面向的用户特征

企业首先要明白，自己在研发产品时面向的用户是哪一类群体、具备怎样的特征。就像《王者荣耀》《绝地求生》，这类热门手游面向的市场通常以年轻群体为主，其中有很多还保留着学生的身份。企业如果想要设计出一款成功的产品，就必须先将目标用户的特征梳理清楚，这样才能以此为依据去设计产品功能。

若将产品代换为空间，那些特征不符合的用户根本就不会进入这个空间，甚至连多余的关注度都不会有；只有特征相符的用户才会进入空间，并有机会完成各种交互行为。注意这里只是有机会，用户也很有可能会在进入空间后离开，但那些都是之后要思考的问题。企业只有先将业务场景中会出现的主角特征敲定下来，才能找到一个好的出发点，而后一步步靠近用户需求最旺盛的业务场景。

3.4.2　用户所处的环境

用户所处的环境具备哪些特点也是企业寻找高价值业务场景时必须问自己的重要问题，而且这里提到的环境并不单纯是指某个地点，如校园、医院、超市等，与时间、气候等因素也有一定的关系。比方说每逢情人节、母亲节等节日来临之际，花店的生意就会变得非常好，每天都能看到有许多人进入花店。但是在没有节日的常规时期，花店的业务需求量就不是那么显著了。

3.4.3　触发交互行为的条件

用户只有同空间产生了交互行为，业务场景存在的意义才能体现出来。很多企业设置的业务场景难以生效，主要原因就在于没有对"如何触发用户同空间的交互行为"这个问题进行合理有效的解答。用户在什么时候才会同空间产生交互？答案是在用户产生需求的时候。比方说学生到食堂用餐是因为饥饿，去游乐场则是为了娱乐，所有行为都是基于需求而产生的。

但是，如果用户的需求心理没有那么强烈，那企业创造出来的业务场景的作用也不会很大，因为该业务场景对用户来说就是可有可无的存在，想到就会用一用，想不起来或是需求程度不高可能就不会用了。因此，企业不能以寻找普通的业务场景为目标，而是要寻找用户需求比较显著的核心业务场景，尽可能多地找到能够让用户产生交互行为的条件。

在这里，我们可以借热门的短视频 App 抖音来举个例子：用户在抖音 App 中停留的时间越长，浏览的短视频数量越多，App 生存能力就会越强，也越容易完成流量变现。但是，怎样才能提高用户打开 App 刷视频的积极性呢？

产品团队首先要明确用户的需求是什么：是希望自己能够在疲惫时放松一下，在闲暇时打发时间。所以企业在设置产品功能的时候，会以努力提高用户沉浸感，减少用户操作烦琐度为目标。于是我们就可以看到，很多人在坐地铁时会随手打开抖音，在午休或晚上要睡觉之前也会随手刷一刷短视频，这时候抖音所提供的业务场景需求量是非常旺盛的。因此，企业必须找准能够触发用户交互行为的条件，这样才能使场景定位更加精准。

3.4.4　用户停止行为的原因

在寻找业务场景的过程中，企业还要思考用户为什么会停止交互行为。有时候用户的需求虽然很明显，但是在场景中产生的行为持续时间很短，这样也不利于企业创造高价值场景。因此，企业只有找到用户停止行为的原因，才能更靠近用户需求较旺盛的场景。当然，基本上没有哪种业务场景可以使用户行为永久持续，企业能做的不过是尽力延长用户待在场景中的时间罢了。

精准的场景定位可以使企业的产品或服务商业价值更高，因为其能够更高效地留住用户并使其做出更多有效行为；同理，方向跑偏的场景定位只会使其在市场中的地位越来越低。其实场景定位就是激发、满足用户需求的过程，同时企业也可以根据业务场景来规避一些可能出现的风险，简单来说，就是要尽可能消除用户会离开场景的风险因素。

3.5　行为数据：目标用户行为偏好数据的追踪与提炼

在互联网快速发展的大环境下，企业能够更清晰地掌握用户的行为数据，并能透过这些数据去挖掘更具价值的信息。通过大数据，可以将用户的一些行为细节都提炼出来，也能使其变得更加清晰。不过，有些企业虽然享受着这个时代赋予的数据优势，却没能对用户行为数据进行有效的开发利用。

3.5.1　比较常用的用户行为数据

数据不能证明一个人就是怎样的，但多多少少也能让企业看出用户的一些行为偏好，而后再以此为依据去制定营销战略即可。对目标用户行为数据的挖掘越是深入，就越容易管理好自己的用户群体。企业通常会采取数据埋点的方法来追踪用户行为数据，数据埋点是通过记录用户行为事件来分析用户路径和产品核心指标的一种数据采集的技术方案，比如用户在什么时间、什么地点通过什么方式进行多少金额的消费，对这些信息的记录和统计就是数据埋点。数据埋点方法可以使企业获得更全面、更准确的数据，一般企业会将重点放到下述几类行为数据中，如图 3-7 所示。

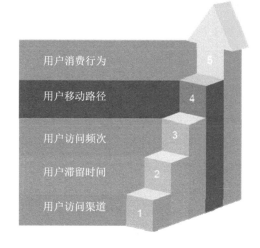

图 3-7　比较常用的用户行为数据

1. 用户访问渠道

用户访问渠道即用户是从哪里进入网站或下载产品的，是微信的信息流广告、搜索引擎中关键词的检索，还是某 App 的应用商店？不要轻视用户访问渠道，因为这是产品获得流量的主要来源，企业要通过追踪用户行为数据来总结几个热度比较高的渠道，而后需要将营销重点放在这些渠道上，目的是更高效地吸引流量。

2. 用户滞留时间

用户滞留时间能够表明其对产品的依赖性，像抖音用户经常会有种上瘾的感觉，自己最开始可能只想在睡前刷上十分钟的短视频，但刷着刷着却发现一个小时已经过去了。这类用户所占比例越高，对产品而言就越有好处。不过，企业在追踪用户滞留时间的数据时，必须提前设置好相应指标。因为某些产品由于自身性质比较特殊，本就不能让用户滞留太久，如记账类 App 能够让用户多停留几分钟就已经算长的了；而 Forest(一款帮助你暂时远离手机，专心工作的 App)这种比较考验用户专注度、不能随意切换或退出页面的产品，就必然会提高用户滞留时间的指标。

3. 用户访问频次

用户访问频次其实是可以与用户滞留时间对照着来看的，因为有些产品，用户滞留时间可能不会很久，但访问频次却会比较高。像翻译类 App，用户可能会时不时点开查几个单词，但每次停留的时间一般都不会太长。但无论是哪种类型的产品，如果用户访问频次太低，十天半个月都不用一次的话，那么企业在追踪到相应数据之后，就要立刻着手进行战略调整了，否则长此以往只会使产品的生命力慢慢消失。

4. 用户移动路径

关于用户移动路径，我们可以借用户的网购行为来进行说明：用户进入某购物网站，点开了某产品详情页，而后将产品放到了购物车中，又点进了其他的产品详情页，最后回到购物车进行付费，跳转至付款页面。这就是一个比较常见的网购用户移动路径，当然很多用户中途也可能会出现其他行为。追踪用户移动路径，可以让企业更清楚地看到用户的行为偏好与产品存在的一些问题。

5. 用户消费行为

对用户消费行为进行追踪也是很有必要的，一来这样能够让企业对产品的盈利能力有更清晰的判断，二来也有利于企业找到更多需要重点关注的高价值用户。这些用户往往在消费方面有较大的贡献，主要行为是提交订单的频次较多，复购率会比较高。

3.5.2 追踪用户行为数据的注意事项

对用户行为进行追踪可能不像设计产品那样有比较显著的成就感，也没有较大的动作，整个流程相对来说比较烦琐且枯燥，但却是推动企业发展必不可少的工作环节。与此同时，在追踪用户行为数据的时候，企业还需注意下述几点，如图 3-8 所示。

图 3-8 追踪用户行为数据的注意事项

1. 把握追踪尺度

企业需要把握好追踪用户行为数据的尺度，不能超出用户能够接受的正常范畴。互联网的发展确实为企业提供了诸多好处，使其能够比以往更容易靠近用户，了解用户的行为偏好，但这并不是企业过度挖掘用户行为数据的理由。企业追踪数据是为了更好地满足用户需求，更稳妥地优化产品，而不是让用户有一种自己完全被暴露在阳光下，所有隐私行为都被看得清清楚楚的恐慌感。

企业不要因为贪图一些小的利益而使用违规手段侵犯用户的隐私，这样做一旦被用户发现，企业的形象就会瞬间一落千丈，还有可能会背上官司，所以一定不要过界。

2. 明确业务需求

企业要明确自己的业务需求主要在哪个方向上，不要在追踪用户行为数据的时候过于"公平"，要知道哪个是需要重点关注的行为数据，哪个是不必耗费太多精力、正常关注一下就好的普通数据。明确业务需求，一来可以提高用户行为数据追踪的效率，二来也可以使企业更容易发现一些异常情况。

3. 及时汇总数据

企业需要及时汇总用户的行为数据，就像粮食成熟后要及时收割一样。追踪用户行为数据从表面上来看是一项需要长期推进的工作，但这不代表相关人员在追踪过程中不做任何其他工作。只有定期汇总用户的行为数据，企业才能了解某一时间段内用户的行为情况。

企业还要将提炼用户行为数据的工作落实。提炼数据最好分批进行，不要一口气就将所有汇总起来的行为数据全都拿出来，这样会对数据提炼的工作造成极大阻碍。在提炼用户行为数据的时候，企业首先要以核心业务的需求点为中心，优先提炼那些对产品影响最大的行为数据。

在将这些数据按照重要程度提炼出来之后，还不能立刻就对其展开深入分析与应用，因为有些数据可能是无效的、不具备合理性的，像这类数据就需要慎重斟酌一下。比方说企业检测到某用户在填调查问卷的时候单次耗时多达五小时，而这份问卷的问题并不多，正常情况下几分钟就能填完。对这份问卷百思不得其解的数据提炼者最终联系到了问卷填写人，而对方表示填完第一道题的时候家里忽然来了客人，于是页面便一直停留在那里。像这种数据，就肯定不能证明用户填写问卷有多认真，相关人员必须找到数据出现异常的原因。

如果说数据追踪是为了寻找用户行为偏好的大致方向，那么数据提取就是为了让这个方向更加精准。在数据提取工作结束后，这些被留下的数据大都是真实有效、可供利用的，数据分析人员要利用这些数据探索用户的偏好、需求，并根据分析后的结论对产品或服务内容进行调整，这样才能使先前在数据追踪工作中耗费的时间与精力不被浪费。

3.6 【案例】：58 到家 CEO：心智定位是灵魂，大数据是工具

乍一提到陈小华这个名字，可能很多人会觉得比较陌生，但如果我们提到 58 同城这个公司的话，大家就会非常熟悉了。而陈小华就是 58 同城的创始人之一，同时也是 58 同城旗下品牌 58 到家的 CEO。无论是从个人身价还是行业成就来看，陈小华无疑都是成功的。

年仅 25 岁就成为 58 同城副总裁的陈小华，完全无须用言语来证明自己的实力，其为公司带来的稳定增长就已然证明了一切。在 58 同城上市后，陈小华需要负责的业务就更多了，由于快狗打车这款货运类 App 的创始人就是他，所以陈小华在这款 App 上耗费的时间与精力也非常多。在某次专访过程中，陈小华不仅提到了与快狗打车有关的运营知识，而且还着重强调了一些实用的营销理念，非常值得许多企业家或创业者学习参考。下面我们就来提炼一下陈小华专访内容中的几个要点，如图 3-9 所示。

图 3-9　陈小华专访内容中的要点

3.6.1　互联网环境发生改变

58 同城本身就是互联网属性较明显的公司，其能够一步步壮大，与互联网环境的日益成熟脱不开关系。在多年的发展中，58 同城慢慢将线上同线下渠道整合到了一起，信息技术的发展为很多创业公司带来了新的机会，但红利不可能永久存在，互联网的"法力"也不可能只增不减，因此，陈小华也提到了互联网环境发生改变的问题。

随着越来越多互联网公司的出现，想要再推出新产品或新平台去占领市场、获取流量，已经非常艰难。或者说，想要低成本、高效率地获得新用户，比以往的难度高了许多，因此，互联网公司必须找到更多的突破口才行。

3.6.2　快狗打车更名决策

快狗打车是 App 更名后的称呼，它的原名本来是带有公司品牌标志的"58 速运"，只是在之后被改了名字。从表面来看，58 速运这个原名所占的优势似乎更明显一些，因为用户只要看一眼就知道这是 58 同城旗下的产品，但陈小华及其团队成员看到的却是这个名字带来的诸多问题。

"58 速运是什么？和 58 同城里面的货运板块不是一样的吗？"消费者发出的这个疑问，陈小华已经听了太多遍。但实际上这两个主体确实是彼此割裂的，前者负责做交易、为消费者提供货运服务，后者则主要负责推广信息。这种区别在陈小华看来或许很明显，但却要一次次向消费者解释，先不说消费者是否能够明白，有些人甚至先入为主直接将原"58 速运"打上了自己认定的标签，这就导致原"58 速运"的业务场景难以建立起来。

但是在将其更名为"快狗打车"后，消费者对其产生的误解就不似之前那样严重了，更名后的优势主要包括下述几点：其一，相比更名前的"速运"，"打车"会更容易令消费者理解；其二，"快狗"这个名字好认好记，不会与市场中的其他产品相混淆。陈小华深知，使消费者正确认知有多重要，这将决定消费者能否在场景中触发相应行为，也能够决定产品生命周期的长短。另外，为了将其与市场中另一款很火爆的 App——"滴滴打车"在业务上区分开，陈小华为其做了一个简洁明了的定位：专门提供拉货服务。

3.6.3　改变消费者认知很重要

在陈小华的专访过程中，他提到了很多与消费者认知有关的内容。陈小华认为改变消费者认知是一件非常重要的事情。为什么要改变？陈小华借公司旗下提供家政服务的 58 到家交易平台举了个例子。

随着人们生活水平的提高，对于家政服务的需求度也越来越高，因此家政市场目前的发展前景还是很好的，只是市场饱和度也在不断提高。为了避免让公司陷入同质化竞争的恶性环境中，58 到家就必须展示出更多的差异化优势，唯有如此才能被更多有家政需求的消费者注意到。

在之前，人们提到家政公司时，脑海中第一时间浮现的场景通常都是挤在各大商铺中的小小店面，推开门无须多走动就能看完内部的整体布局。但 58 到家可不是这样，当你进入 58 到家集团内部时，可能都难以将其与家政公司联系起来：先进美观的布局、整齐有序的办公隔间、各种智能化办公设备……

58 到家想要传递给人们的就是将家政服务与互联网结合到一起的感觉，而不是那种传统化的家政服务。只有使消费者的认知得到改变、升级，58 到家在家政市场中才能有更大的发展空间，否则消费者将很难看到 58 到家在服务上的闪光点与差异点，自然也不会将其与普通家政服务分割开。

3.6.4　定位是灵魂

定位是什么？陈小华表示，定位是灵魂。如果一个公司失去了灵魂，或是根本就没有具备过灵魂，那么被市场淘汰是必然结果，因为找不到灵魂的公司就等同于没有抓住消费者的需求，自然也不会拥有市场。陈小华认为，公司的成败与消费者的需求、态度密切相关，只有消费者能够接收并轻松理解某公司的定位内容后，公司才有机会创建有效的业务场景。

依然拿 58 到家来举例，公司内部对其设定的定位是比较复杂的，因为它会同时融入公司的使命愿景。但在向消费者传递定位信息的时候，公司就必须对定位内容进行精简化的处理，最终让消费者能够产生"这是一家科技感较强的家政服务平台"的感觉。消费者无须像内部员工一样理解太过复杂的信息，只需要从 58 到家的定位中了解到其性质比较特殊、与传统家政公司有区别即可。

陈小华对于消费者认知的理解是比较透彻的，他认为广告对公司而言是必要的，但广告却不是推动消费者买单的最主要因素，广告的形式、文案只是一个催化剂，真正能够将消费者付费欲望调动起来的还是产品或服务的定位。消费者付费的前提是知道其所购买的产品能够为其提供什么帮助，与其他产品有什么差异。不要忽略后者的重要性，个性化特征越明显的产品在现阶段就越容易被消费者看到。简洁独特的定位能够为公司带来诸多资源，所以将其与灵魂画等号并不夸张。

3.6.5　大数据推动发展

58 同城旗下的大部分产品都是信息技术发展催生出的产物，而大数据也是 58 同城及其他 58 旗下子品牌必不可少的辅助工具。陈小华在专访中提到，大数据其实也能为公司做定位奠定基础，帮助其减少决策方面的风险。因为做定位这件事在性质上是很严肃的，不是几个人用几个小时讨论一下就能出结果的，在做决定前必须靠大数据来进行市场调研及各种数据分析，这样才能找到较为安全的定位方向。

大数据可以推动公司的发展，其不仅能够帮助公司确定定位内容，还能更靠近消费者的心，使公司更了解消费者的行为倾向以及需求的变化。大数据代表了高科技，也是公司竞争实力的重要构成之一，如果少了大数据的帮助，那么"灵魂"也难以存在。

第 4 章

数据收集：
营销大数据的采集及预处理

在信息技术越来越发达的阶段，企业采集数据也变得愈发快捷，无论是采集手段还是采集速度，与过去相比都有了较大的进步。不过，数据采集并不是单纯将各类数据聚集在一起那么简单，企业还需将数据预处理的工作落实到位。数据采集环节是数据处理流程中十分重要的一步，因为后续所有环节都要在数据采集的基础上展开。因此企业不仅要掌握数据埋点的技能，还要将获得数据后的清洗、过滤工作做好。

4.1 业务梳理：业务流程要素决定着数据口径

即便是某些还没有转型升级的传统企业，在经营企业的过程中也少不得要采集一些数据，而某些互联网企业就更不用说了，其对数据采集这项工作只会更为重视。不过，有些企业在采集数据时会显得比较"随性"，即在采集数据时并没有清晰的规划，以"想到哪里采哪里"的形式去获取数据，这样做就很容易导致数据缺失。不同的企业设定的数据口径会有所差别，因此企业必须明确如何才能使数据口径合理化、一致化。

我们先来了解一下数据口径的含义。简单来说，数据口径就是在统计数据的时候，为数据设定的指标及采取的相关统计方法。如果企业对数据口径的设定不够规范，那就很容易让各部门成员对数据产生误解，也会出现数据对比不匹配的情况，有时甚至会影响某些重要工作的推进速度。试想一下，假如你在 A 报表与 B 报表中同时看到了相同的数据名，但是数据的定义与指标却又存在差异，你是不是会产生疑惑？是不是为了检验自己的想法，要耗费时间去重新分析该数据？

就拿激活用户这件事来说，"激活"这个概念是许多营销人员都会频繁提及的，但又难以在企业内部达成含义统一。有人认为激活就是指用户下载并安装了 App，还有人认为用户注册账号之后才算是被激活，或是完成某些指定行为才算激活。单是这一个概念，便已经有了不同的定义指标，那么数据人员在统计激活用户数的时候，又该如何保证统计数据的有效性呢？

因此，数据口径对企业而言是非常重要的。为了使其达到理想中的效果，企业必须做好内部的业务梳理工作。企业必须明确某业务流程涵盖的要素，这样才能整合好数据口径。举个例子，假如企业想要统计售后服务满意度这项数据，就必须明确售后服务都涵盖了哪些流程要素：用户在购买产品后遇到了一些问题，于是会通过线上咨询或电话询问的形式咨询客服人员，在这个环节客服的响应速度就很重要；在咨询结束后，可以将用户的态度分为满意与不满意两种，前者在网购场景中会以打分或确认收货等形式体现，而后者则要进一步统计用户申诉率与投诉率。这只是一个企业统计售后服务满意度的常规场景。正常情况下，企业要深入自己的售后业务流程，去调查每一个流程中涵盖的要素内容才行。

业务流程要素会直接决定数据口径，内部人员绝对不能凭借个人经验或主观判断为数据指标下定义，必须对相关业务流程进行有序的梳理才行。在企业通过梳理业务流程、挖掘流程要素来明确数据口径的时候，还需注意下述几点，如图 4-1 所示。

图 4-1　企业通过业务梳理明确数据口径的注意事项

4.1.1　保障部门之间的沟通

很多时候，某个业务流程所涉及的往往不只是一个部门，需要多个部门共同参与才能推动业务流程顺利进行。因此，企业在梳理业务流程要素的时候，为保证梳理结果的精准化，就必须保证多部门之间的沟通，这样做一来可以使重要的业务要素不被漏掉，二来可以收集其他部门的意见，提高数据口径的合理度。各部门的沟通效率越高，数据口径的指标合理性、严谨性就越强，指标体系也可以得到进一步的完善。

4.1.2　接收业务调整的信号

企业需要明确，既然业务流程要素可以对数据口径起决定性作用，那么当业务调整、业务流程出现变化的时候，之前设定好的数据口径有很大概率也要再次整合。另外，业务发展其实也是一种不明显的业务调整，就像企业会在不同时期制定不同的目标一样，无论目标的高度是高低起伏还是持续走高，内容都会有相应的改变。

比方说，如果某名学生始终处于 60 分左右的低分段，那么衡量其是否有进步的指标就应该是单次考试能否达到 70 分或 80 分。如果该名学生断断续续能够达到几次，成绩也相对稳定了，那么衡量其是否有进步的指标就不应该再沿用之前的了，可以用"模拟考试连续三次及以上超过 85(含 85)分"当作最新的衡量指标。同理，企业的业务模式其实也是这样，只是需要考虑的因素会更加复杂，有时连之前的数据口径框架甚至都需要舍弃。

4.1.3 数据口径名称要清晰

在设定数据口径名称的时候，必须结合业务流程的要素，使其变得足够清晰。越是清晰准确的数据口径，就越容易被内部人员理解，不会出现同一个数据口径却有多个定义的情况。就拿"用户参与游戏测试的次数"这句话来举个例子，单看这句话似乎没什么问题，但如果不对其进行细致拆分与精准定义的话，那数据口径将会出现很多歧义：用户指的是谁？具有哪些特征？是官方邀请的种子用户，还是从其他渠道获取测试资格的普通用户？而游戏测试在正式公测前总共分为三个批次，分别是一测、二测和三测，这里指的又是哪一次测试？处理数据口径的人员要么更改一下原本的数据口径名称，要么对其进行细化处理，总之，不能就这么糊涂下去，这样会使其他人在参考或使用数据的时候产生诸多疑问。

4.1.4 重视数据口径的验证

数据口径不是在梳理完业务流程并赋予了其定义之后便可以立刻投入使用的，为求保险，企业还要做好数据口径的验证工作。验证数据口径的方法可以用统计表与相应明细表之间的内容进行对比，这样能够帮助企业判断数据口径的定义是否存在错误，而后才能将问题解决，使数据口径更加合理。

总而言之，业务流程要素与数据口径绝对是密不可分的关系，不存在脱离业务流程的数据口径，否则，"统计"出来的数据口径将毫无参考价值，所以必须做好业务梳理的工作。

4.2 数据源：营销分析中应重点关注的 7 种数据源

大数据对企业经营、发展的重要性，想必已经没有人会质疑，但有些初创企业经常会在采集数据的时候遇到一个问题：不知道究竟该从哪里寻找数据。如果只是内部数据的话，企业采集起来难度还不算很大；但如果想要获取外部数据，企业就经常会有一种无从下手的感觉。为了解决这个问题，我们就来总结一下营销场景中需要重点关注的几种数据源，利用这些数据源可以使企业更高效地查询外部数据，具体内容如图 4-2 所示。

图 4-2 营销场景中应重点关注的数据源

4.2.1 聚合数据

聚合数据是一个应用率比较高的数据平台，也是一个质量很不错的数据源，企业可以从中享受一些免费的数据服务，也可以采取付费方式获取更多特权。聚合数据平台所涵盖的数据类型确实可以担得起"聚合"这个名字，无论企业有哪方面的数据需求，都可以在聚合数据平台上找到相应的数据板块，如比较常用的生活服务、金融科技、电子商务等数据类型。

初创企业如果由于资金问题暂时不打算开通会员的话，也可以在聚合数据平台查找许多类型免费的数据，像 IP 地址、股票这些都是无须付费即可获取的数据，但每天都有查询次数限制。相比之下，开通会员的企业就能更加自由地享受数据服务了，会员不仅无查询次数限制，还可以免费享受更多类型的数据服务，如创业板指数、全国省市数据等。总体来说，聚合数据是一个对创业者比较友好的数据查询平台，各项数据收费价格也在合理范围内，大部分人都可以承受得起，且服务性价比也较高。

4.2.2　艾瑞指数

艾瑞指数平台以分析市场中的各大 App 及网络广告情况为主，并且会将 App 分为移动端与 PC 端两大渠道，当前市场中比较热门的 App(如抖音、快手、淘宝等)都可以在艾瑞指数统计出的各大数据榜单中看到。一般专注于研究 App 的互联网企业会比较关注该平台，将各大 App 的数据用作营销策略制定的参考数据。除此之外，企业还可以在平台内看到经常更新的各个类型产业研究报告，这也是非常有研究价值的数据。

该平台提供的数据服务类型品种多样，企业可以根据内部需求自行选择，无论企业是想要整合数据还是监测数据，都可以借助艾瑞指数的力量。艾瑞指数对用户行为的研究十分透彻，也很擅长采集大批量的行业信息，不过主要的数据采集方向还是集中在互联网领域。企业如果想要查询网购市场、小程序或竞品广告等类型数据，就可以多关注一下艾瑞指数。艾瑞指数也有付费服务，但免费提供的数据内容已经非常丰富了，至少能够满足大部分企业的基础需要。

4.2.3　通联数据

通联数据也是一个正规数据平台，是企业可以放心使用的数据源。不过在数据类型上，通联数据会有一定的局限性，不像其他数据源一样能够给企业提供较为丰富的数据。该平台以提供金融类数据为主，还特意在主页为金融大数据开通了一个专门的板块，用户点进去后就可以看到各类被细分出来的金融数据，如债券、基金、期货期权等数据。如果企业以提供金融业务为主，那么通联数据就是其必不可少的数据源。

由于通联数据本身的特殊性，所以其无法像其他平台一样开放较多的免费数据，大部分金融数据都是需要付费才能查看的。但是，通联数据提供的数据质量较高，具备较强的数据保障，具体表现为数据精准度较高且覆盖范围较广。如果企业有金融数据方面的需求，且资金相对充裕的话，就可以将通联数据当作主要的数据源。

4.2.4　百度指数

与上述提到的几类数据源相比，百度指数似乎显得没那么"高端"，但其却能给企业足够大的自由操作空间。使用者可以根据自己的数据查询需求，自行在百度指数平台内检索相应的关键词(见图 4-3)，通常我们能够想到的关键词都是可以检索的。就拿"补品"这个关键词来说，我们将其输入后就可以看到一个简易版的可视化数据图， 检索者可以自行选择数据统计的时间，按照一周、一个月或当天的实时检索情况进行时间段划分即可。

请输入您想查询的关键词　　　　　　　开始探索

图 4-3　百度指数的检索页面

另外，百度指数还有一个比较实用的功能，即可以实现不同关键词检索情况的对比，如检索者在搜索了"补品"之后，继续在旁边的功能栏搜索"营养品"，然后就可以看到两种不同颜色的曲线图叠加在一起的对比效果了。百度指数的优势就是能够让企业实现按需搜索，但缺点是检索到的数据内容比较少，不像其他数据源那样丰富。因此，百度指数比较适合一些普通的营销活动做参考，成本较低且效率较高，但不适用于比较重要的活动，也不能将其当作唯一的依据去做决策。

4.2.5　数说聚合

数说聚合的数据采集能力较强，其主要优势包括下述几点：其一，通过购买数说聚合提供的数据采集与分析服务，企业可以用多种方式采集数据，且数据可以覆盖全网；其二，数说聚合的技术化水平较高，可以帮助企业减轻数据处理时的负担，能自动进行数据清洗；其三，数说聚合的数据抓取速度非常快，能够使企业实现实时获取、监控数据的目的，几乎可以达到秒级响应的程度。

无论从哪个角度来看，数说聚合都是一个非常不错的数据源，而且平台内部还会更新许多可以免费查看的数据报告，内容涉及网购、医疗、汽车等许多类型领域。通过数说聚合提供的客户案例，我们也可以看出其所提供的数据化服务还是比较专业的。

4.2.6　QuestMobile

于 2014 年推出的 QuestMobile，在数据领域可谓是"硕果累累"，创立第二年便加入了中国信息协会，之后更是一路迅猛增长。截至 2020 年 11 月，QuestMobile 能够为用户提供的产品类型已经达到了十种，每一种产品针对的数据板块都不一样，而这也使企业能够进行更加细致、灵活的选择。

就拿 QuestMobile 推出的黑马榜数据产品来说，该款产品的业务重心就放在了挖掘黑马 App、全面分析这些 App 的数据动向上。企业如果担心自己的市场地位受到挑战，申请使用该产品，而后就可以深入了解那些黑马 App 的发展潜力与成长价值了。当然，如果企业是打算投资某 App，却因为不确定投资决策的风险有多高而拿不定主意的话，也可以通过 QuestMobile 的客观数据来验证自己的想法。

4.2.7　数据观

数据观比较适合中小型企业使用，其所提供的数据会以报告的形式呈现，且更新频率较稳定，基本上企业每天都能看到一份新发布的数据报告；当然，企业也可以根据数据观提供的热门标签来检索数据，或是自行搜索关键词。数据观发布的内容多以科技板块为主，如 5G、区块链、人工智能等。如果企业有向数字化转型的想法，或是与这些高科技业务的接触率较高，那就可以多关注一下数据观更新的数据报告。

除上述提到的这几类数据源，企业还可以多关注一下其他的数据源，正常情况下掌握的数据源越多，信息采集的质量就会越稳定。但是，企业也要注意寻找正规的、符合自身需求的数据源，数据类型差异过大的数据源就最好不要使用了，否则容易影响企业的正常决策。

4.3 数据埋点：指定位置数据埋点的实战技能

4.3.1 数据埋点的概念

什么是数据埋点？埋点又有哪些意义？对那些没有深入接触过数据工作的普通人员来说，数据埋点或许是一个有些陌生的概念，但对那些专业的数据处理人员而言，数据埋点这件事却是其工作过程中必不可少的一个重要环节，也是其采集数据的重要工具。下面我们就来详细介绍一下数据埋点这项重要的实战技能。

先从字面意思来分析一下"数据埋点"，我们可以将其拆分为"数据"与"埋点"两个部分，前者自然无须多说，而后者的关键则在于"埋"这个字。电视剧中经常会演一些追踪剧情，有些人不知道身上已经被偷偷放了追踪器，还以为自己已经逃离了某个地方或某个人的视线，但其实在追踪器的作用下，他的行为轨迹是非常清晰的。而"埋点"在本质上其实和追踪器差不多，只不过是以代码的形式存在，被技术人员植入关键位置，而后企业就可以捕捉到用户在关键位置产生的行为数据了。

4.3.2 数据埋点的应用方式

数据埋点的主要作用就是帮助企业更高效地采集数据，这是一种智能化程度相当高的数据采集方法。虽然不能光靠数据埋点这一种方法来采集数据，但有了它的配合，企业在获取数据时也会更加轻松一些。另外，数据埋点就像摄像机一样，能够在代码合理植入的前提下，将每一名用户的指定行为都记录下来，这也使得企业不必担心用户行为数据的疏漏。现阶段，按照埋点范围可以将数据埋点的主要应用方式分为三个级别，下面分别来了解一下每个级别埋点的内容与特点，如图 4-4 所示。

图 4-4　数据埋点的三大应用方式

1. 初级埋点

既然是以埋点范围为依据来进行等级划分，那么初级埋点就肯定是范围最小的埋点方式了，这种方式比较适合业务规模不是很大、业务形态还没那么复杂的小型企业使用。初级埋点的代码一般会放在关键植入点，如电商企业将其植入收藏按钮或付费按钮中，这样就能获得用户的收藏或付费行为数据了。

初级埋点之所以适合小型企业，主要是因为其不会涉及太多复杂的代码知识，且小型企业在初始阶段对数据量的需求也不会像大型企业那样强烈，因此在初期使用还是没问题的。

2. 中级埋点

中级埋点的埋点范围会大一些，我们可以简单举个例子来说明其与初级埋点之间的区别：初级埋点就像看电视剧下集预告时的片段式播放一样，只会将部分精华内容剪辑出来，会给人一种视觉与思想上的跳跃感；而中级埋点则像完完整整看一集剧情一样，剧中人物的行为都是有逻辑、连续的。

将这个理念套用到中级埋点的场景中来，就要将独立的代码转化成多段连续代码的形式，即虽然代码依然会放置到不同的植入点，但这些植入点之间都是相互关联的，而非完全独立存在。比方说用户想要购买某产品，那最起码要点进产品详情页，现阶段大部分网购平台都不支持在没有进入详情页的前提下直接购买产品，接着可能是对产品属性进行选择后付费购买，也有可能再加一个将产品添加至购物车的环节。

具体的业务流程是怎样的还需企业自行设定，但我们也能从这个最简单的网购环节看出用户行为上的连续性。中级埋点应用的意义也正是在这里，企业如果已经不满足于获取单个数据，而是想要跟踪用户连续行为轨迹的话，就可以使用中级埋点的方式。

3. 高级埋点

高级埋点一般不适合小型企业使用，其一是因为小型企业的目标市场通常还未成型，使用高级埋点的方法效果反倒不如初、中级埋点；其二是因为高级埋点的应用难度与成本都很高，这对技术人才与资金都比较缺乏的小型企业而言无疑也是一种压力。如果说前两种埋点方式分别是看碎片式电视剧预告与单集电视剧，那高级埋点就相当于是看了一部完整的电影，能够将用户数据以较为全面的形式展现出来。

企业可以根据内部实际情况(如业务量、人才规模、资金预算等)进行埋点等级的选择，并且要选择适合自己的埋点形式。现阶段比较常用的埋点形式主要包括两种：第一种是企业不依靠外力，让内部技术人员去植入相应代码，而后再从中获取用户行为数据；第二种是企业通过付费来获得第三方数据平台的帮助，但这种形式的弊端在于数据安全存在风险，因此，大中型企业在涉及一些重要事务时通常不会选择用第二种形式来追踪数据。

4.3.3　数据埋点的应用技巧

企业在利用数据埋点追踪用户行为的时候，还需要掌握下述几个技巧，如图 4-5 所示。

1. 提前规划埋点方案

埋点虽说只是在某个指定位置植入一段代码，实际上操作起来并没有那么容易，很多企业在经验不足且无专业人员可用的情况下，贸然进行手动埋点经常会出岔子。为此，企业最好提前规划好埋点方案，不要想到什么就"埋"什么，这样并不能使其获得有效的数据。

图 4-5　数据埋点的应用技巧

由于不同企业采用的埋点方法与埋点形式会有所差别，因此在规划埋点方案时，内容肯定也不会全然相同。但是，有一些基础要素的通用性还是比较强的：埋点位置在哪里？选择该位置的理由是什么？埋点位置的重要程度如何？能否按照初级、中级、高级来进行划分？埋点标识如何设置？是否具有唯一性？这些都是相关人员在规划埋点方案时需要思考的内容。

2. 不要忘记埋点验收

无论企业是靠专业人员的力量去植入代码，还是选择与第三方平台合作，都不能对数据埋点这项工作太过于放松，或者说对埋点效果过于自信。如果埋点过程中出现了某些技术上的问题，那么很有可能会出现企业以为自己在顺利追踪用户行为，实际上许多行为数据都无法提取的情况。

因此，企业很有必要做好埋点验收的工作，其主要目的就是增强数据埋点的有效性。为保证数据质量，内部人员可以重点关注下述几个方面的内容：埋点后检查平台内的用户行为事件是否出现了，是否产生了对应的数据，数据是否可以正常提取等。

3. 及时处理异常数据

即便在初期进行了埋点测试的工作，没有发现什么问题，也不能掉以轻心。一旦内部人员发现某植入点的数据出现了异常，就要立刻同技术人员及其他部门的成员沟通，看一看究竟是数据埋点的工作出了问题，还是数据统计者在统计过程中漏掉了内容。总之，在发现数据异常的时候，一定不能抱着敷衍了事的态度对付过去，这样很有可能会让风险因子一点点变大。

数据埋点在当前已经成为各个企业经营过程中必不可少的技能，哪怕是还处于创业初期、业务发展尚不稳定的企业，也不能回避数据埋点这件事。在大数据时代，数据埋点相对来说已经是一种成本较低的数据采集手段了，坚持去做不一定能够在短期内看到显著效果，但不做的话对企业肯定是弊大于利的。

4.4　预处理：获得数据后必要的清洗、过滤与映射工作

有关数据处理的知识，我们在上述内容进行了大致介绍，只是没有过于深入地探讨处理数据过程中的具体环节。企业团队获得数据之后，还不能立刻将其投入实战场景中进行应用，因为这时候的数据是不稳定的。只有在对其进行一系列合理有效的预处理后，数据的价值才能体现出来。数据预处理可以分为下述三个环节，如图 4-6 所示。

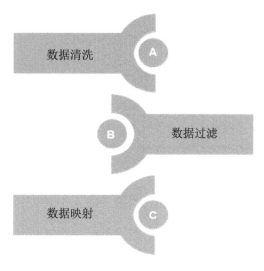

图 4-6　数据预处理的主要环节

4.4.1　数据清洗

数据清洗是数据预处理的第一道程序，也是非常关键的一道程序，因为数据清洗涵盖的内容要素很多，如检查采集到的数据是否存在缺失问题、数据是否达成一致性效果等。数据清洗直接决定了最终输出的数据质量，因此，内部人员在进行这项工作的时候，必须给予其足够的重视度才行。下面我们就来详细分析一下该如何做好数据清洗工作。

1. 填补缺失数据

首先要强调一点，有些缺失数据是可以靠人工直接判断出来的，比方说统计用户信息的时候，某些用户的年龄、性别等内容是空白的，一眼扫过就能看出有问题。但有一些缺失数据必须要靠技术手段才能检测出来，这种时候通常需要内部技术人员用代码进行检查，单纯靠员工用肉眼检查就行不通了。

在检测出缺失数据后，可以使用信息推测法或是其他数据工具来辅助填补空缺，但并不是所有缺失之处都可以被填好，有时候也会出现一些强大的"拦路虎"。这个时候，如果想尽办法都不能将其填好的话，最好也不要勉强。填补数据的重点不在于是否能够将空缺都填满，而是填补的内容是否合理。如果只是为了填充而填充的话，那反倒容易使错误数据增加，这就有违数据清洗的初衷了。

2. 删除重复数据

有时虽然采集到的数据本身没什么问题，但由于各种原因，数据有可能被重复记录。像这种重复记录的数据就不必耗费时间去统计、分析了，负责清洗数据的员工需要对数据库或表格内的数据进行有序排列，可以借助排序算法来完成这项工作，常见的排序算法包括选择排序、归并排序等。另外，如果是已经录入到系统表格内的数据，也可以利用条件格式来筛选重复项，然后为重复数据做标记。

当员工发现数据存在重复情况的时候，可以将这些打上重复标识的数据删除。但要注意的是，在做这项清洗工作的时候，员工必须格外谨慎，不能在没有任何检验依据的前提下就删除某个数据。因为这样做可能会使数据变得不再完整，甚至需要其他成员耗费更多时间去将这些由于误判而被删除掉的数据找回，很显然这会使数据清洗的效率大幅度下降。

3. 统一数据指标

数据指标的统一是非常重要的，否则很多数据在后期解读时就会出现麻烦。因此，相关人员也要做好统一数据指标的工作，针对相同的数据对象，最起码也要使数据的名称、单位、字段长度等保持一致。

另外，在数据清洗的过程中，负责人员也要注意数据清洗的顺序，如果顺序有误也会影响数据清洗的质量。常规的清洗顺序是先将缺失数据处理好，而后再将那些异常数据剔除，最后将重复的、无意义的数据删掉。

4.4.2　数据过滤

数据过滤也是数据预处理工作中很重要的一个环节，其主要作用就是让员工能够进一步缩小数据分析的范围，使其不必在复杂、广阔的数据海洋中耗费太多时间去自行划定要分析的数据清单。目前，市场中已经推出了不少带有数据过滤功能的智能化产品，这些产品大都需要付费才能解锁数据过滤的功能，且不同产品在各方面的优势与应用也不一样。

在过滤数据的时候，必须设置好过滤条件，这就相当于去餐厅吃饭时告诉服务员自己有什么忌口一样，如果没有把忌口的地方说准，那之后的用餐体验可能就不会很愉快了。数据过滤在借助智能工具的基础上，难度虽然不会很大，但也绝不是普通员工可以上手的，必须有一定的数据过滤经验，知道该如何设置过滤条件才行。

4.4.3　数据映射

数据映射相对来说是一项难度比较大的工作，动态性的特征也比较显著。我们可以简单看一下数据映射的基本应用步骤：首先，专业人员需要为准备移动的数据下定义；而后将数据字段与数据库中的目标字段进行匹配，这一步也是数据映射的关键；在匹配工作完成后，还需将映射后的数据源转换到目标数据上；最后完成数据的集成与维护。

之所以要做数据映射这件事，主要是因为其能够帮助企业更高效地达到数据集成的目的，并且能够降低人工模式下出错的概率。与数据映射有关的工具目前在市场中也有很多，如 Microsoft SQL Server、WebMethods 等。

从数据预处理涵盖的这些重要环节中，我们完全可以感受到大数据与专业数据处理人才对企业的重要性，如果说大数据是时代赋予的机会，那么专业数据处理人才就是帮助企业实现梦想的重要助力。即便是智能化程度再高、操作难度再低的数据工具，也必须由具备一定数据处理能力的人来使用才行，否则很容易出现问题，直接后果就是企业决策风险增加、盈利受到影响。因此，企业必须重视对专业数据处理人才的吸收与培养。

4.5 数据监测：相关数据的监测与基本效果分析

4.5.1 数据监测的意义

数据监测在这个时代是非常有必要的，它就像一个 24 小时运行的摄像头一样，能够将与数据有关的动态全部记录下来。如果企业只知道采集数据、分析数据，却对数据监测的工作毫不上心，甚至没有一点儿数据监测的意识，那说明企业对数据的认识还是不够全面。本节我们将就数据监测这项工作展开详细的阐述。

顾名思义，数据监测主要指的就是关注数据，留意数值的走势变化。我们就拿营销广告的投放这件事来举个例子，通常在广告投放时间快要结束时，内部人员往往要面临两个选择：其一，继续追加投放金额，使广告投放时间延长或增加广告投放量；其二，果断收手，不再耗费资金为广告增加热度。无论最终的选择是什么，都必须保证一点，即做出的决策要有据可依。

如果企业选择继续追加投放金额，那肯定是看到了本次广告投放的价值，但价值也不是光靠嘴巴说说就有的，必须由数据来体现，且数据必须呈现明显的增长趋势。比方说用户浏览量以及经由这条广告带动的转化量，如果这些数据始终处于持续增长的状态，那企业就可以选择继续投放；反之，如果这些数据持续下滑，那么提高追加力度就没有意义了，失败的概率会比较高，最好不要轻易尝试。

而这一切都必须有数据监测的帮助才能顺利进行，否则企业获取的只是碎片化的数据，很难利用其推断出广告的投放效果。数据监测能够为企业织出一张保护网，及时在数据出现异常情况的时候向其发出预警，并且可以使经营者及各部门负责人更了解企业内部的实际情况与各项业务的实施效果。

4.5.2 数据监测的应用要点

在进行数据监测的时候，企业需要抓好下述几个要点，如图 4-7 所示。

图 4-7 数据监测的应用要点

1. 选定监测对象

企业必须明确自己要监测的对象是谁，像大型企业每天的业务量都很大，业务类型可能也会出现多样化的情况，这时候如果不能将监测对象清晰化，那负责数据监测这项工作的员工将会面临巨大的工作压力。因此，在选择监测对象的时候，最好对这些被选择出的数据按照重要程度进行排序，而后再同各部门沟通，看一看有没有需要增加或删减的内容。

为了保证数据监测的效果，员工需要按照业务流程来梳理流程中涵盖的数据要素，这样能够避免企业漏掉关键数据点。此外，员工每选出一项需要监测的数据，就要问自己一个问题：这项数据背后的意义是什么？通过监测这项数据，我能够得到什么信息？有时候，并不是所有数据要素都要被放到监测列表中，与企业业务相关度不高的数据可以暂时搁置。

2. 设置预警指标

数据监测不是光靠眼睛默默地看就可以了，重点在于当数据出现异常情况的时候，相关人员能否及时感知并尽快做出处理。但是很多企业因为对预警指标的设置不够合理、精准，导致数据监测的作用并没有发挥出来。数据在什么情况下才算是偏离了正常范围并能够引起多方人员的注意？这就要求员工必须对企业的业务内容足够了解，且要做好严谨的数据分析工作才行。

单靠人工判断去锁定数据的正常波动范围并不合理，很容易出现误差，必须有数据分析做支撑才行。这里要用到统计学的相关知识，如标准差的计算，还需考虑周期问题。总之，设置预警指标必须有据可循。

3. 商定预警形式

当数据已经超出了正常波动范围且明显处于异常状态时，该以怎样的预警形式展现才能被内部人员迅速注意到呢？此时数据可视化的效果很重要。数据简表中颜色的差异、折线图中线条的走势与预警线的对比，都能够给人一目了然的感觉，令员工快速做出反应，而不是在数据异常程度越来越高时才有所察觉。目前，大部分提供数据监测、预警服务的工具都会以可视化图表的形式来展示数据。相比员工手动制图，这些智能工具在视觉体验感、数据完整度等方面的优势会更明显一些。

4.5.3　数据监测效果分析的方法

数据监测只是一种手段，能够让员工更及时地看到产品或服务在运营过程中出现的问题，但更关键的是对数据监测效果的分析。有些企业员工并没有掌握数据监测效果分析的技巧，导致很多通过数据监测反映出的问题难以得到高效解决，也削弱了数据监测环节存在的价值。那么，数据监测基本效果的分析究竟该如何去做？具体方法如图4-8所示。

1. 寻找关联数据

数据监测面向的通常是一个完整的数据体系，而不是某单独数据，所以在进行监测效果分析的时候，一般也要寻找关联数据，而不是单纯地专注于分析某个异常数据。举个例子，如果员工发现网店转化率下滑得很厉害，可以看一下其他数据(如用户停留率、日均活跃度)是否保持在正常的波动范围内。如果这些关联数据没有异常，那就可以将这些选项排除，看一看是不是上新产品的质量问题。

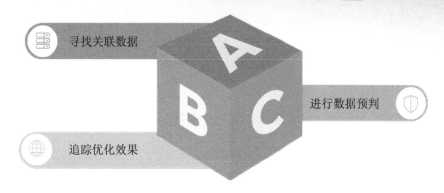

图 4-8　数据监测效果分析的方法

总之，虽然某数据经监测出现异常不一定是和其他关联数据有关，但不能在一开始就直接将这些关联要素抛开，这样做一方面会使监测效果分析速度降低，另一方面会导致监测分析结果出现偏差。

2. 进行数据预判

数据监测虽然能够帮助企业抵御一些风险，但也要提前弄清楚一个概念：数据监测的主要应用并不是在问题出现甚至问题爆发后再进行补救，而是要提前透露出一些信息，而后在风险出现之前就将"这块有裂缝的木板"修复好。简而言之，如果企业是本着解决问题的想法去做数据监测，那么监测效果分析的作用也会变得微弱。但如果企业能够通过数据监测提前预判数据的异常走势，那么这个时候监测效果分析的意义就很明显了。

当某项数据慢慢偏离正常波动范围的时候，监测人员就必须有所警觉，而后迅速将信息传递给其他团队成员，再合力分析导致数据出现不正常波动的原因，并制定相应的解决方案。

3. 追踪优化效果

就拿上文提到的数据预判行为来说，假设员工发现某个数据异常并使用了一定的手段对其进行调整，那这个时候只能说明企业员工的警觉性不错，并不意味着数据会就此回到正轨。因此，员工一边要继续进行数据监测工作，一边要将重点暂时放到优化后的数据上，持续追踪、分析优化后的效果，目的是看一看本次优化是否有效。

有些团队虽然对某数据进行了优化，却并没有继续追踪优化效果，时间一久，优化方案的有效性就难以得到精准判断了。想要评估某方案是否有效，不能单纯看优化后的数据是上升还是下降了，还要结合其他影响因素，分析方案中的哪个优化举措贡献度最高，是否还有继续提升的空间等。

通常规模越大的企业就越重视数据监测及效果分析，并且会不定时更新所使用的监测工具，以保证其能够精准、迅速地传递监测消息。

4.6 【案例】：云南白药淘宝旗舰店的经典数据营销战

云南白药是云南省的著名特产，具备活血化瘀、促进伤口愈合等功效。除了药品，云南白药还推出了广受好评的云南白药牙膏，因此消费市场也比较广阔。虽然云南白药早已于民国时期便已经出现，但其并没有随着时间的冲刷而消失在历史长河中，生命力反倒越来越强。截至 2019 年 12 月，云南白药的品牌价值已经达到了 255 亿元，而这一切都与其迎合时代发展潮流的策略脱不开关系，对数据的良好应用也推动了云南白药的稳定发展。

如果要将云南白药的形象拟人化，那大概很多人的脑海中都会出现一个慈祥的老人形象，或是仙气飘飘、不沾世俗的形象。但实际上，如果云南白药的品牌方真的像这种拟人化形象一样"远离尘世"，那品牌的增长速度将会慢上许多。被互联网大面积覆盖的时代，即便是药品也要与时俱进，不能再像过去那样只依靠线下宣传这一个渠道，线上的营销同样重要。

2017 年，作为一个经典的国货老品牌，云南白药开始了营销战略调整，将"战火"转向了线上平台。当云南白药的淘宝旗舰店开业之后，为了能够让品牌影响力得到进一步提升，使品牌被更多年轻群体接受，云南白药决定同阿里集团合作，利用大数据高效定位、分析目标人群，具体内容如图 4-9 所示。

图 4-9　云南白药对大数据的应用

4.6.1　锁定目标人群

在正式开展营销活动之前，云南白药团队必须先明确自己是针对谁来开展活动的，这样才能使活动效果达到最佳。在这里，团队首先要考虑的是自身的定位，云南白药牙膏从原则上来说适合大部分年龄层次的消费者。但如果这样定位的话，就很难精准锁定目标人群，因为市场太过宽广，人群属性也过于繁杂。

云南白药从一开始就没有将自己往平价市场靠拢，而是用偏高一些的价格为自己贴上了高端化的标签。在明确自身价格定位的基础上，云南白药又利用大数据去绘制用户画像，而后通过对信息的筛选与分析来锁定目标人群，找到用户群体比较显著的特征：首先，在年龄层次上不能太小，也不能太大，通常初、高中甚至是大学这个年龄层次的用户对牙膏的选购兴趣都不会太高，中年群体又比较容易受价格影响，而24～35 岁这个范围就显得比较合理了；其次，之所以会选择这个年龄段，也是因为这个年龄段的用户大都已经步入社会，具备基础消费能力，对高端定位的产品接受度也比较强，比起价格会更重视生活的品质。

4.6.2　分析用户行为

在锁定了目标人群之后，初次入驻淘宝平台的云南白药又利用大数据研究了淘宝用户的行为与消费习惯，如浏览、收藏、购买行为等，特别是符合其目标市场年龄段的用户群体，就更值得全面分析。这样做并不是多此一举，而是在为之后的实战环节奠定基础，毕竟"知彼知己，百战百胜"，对自己的用户群体了解得越充分，后续活动的实施往往就越顺利。

4.6.3 定制营销活动

虽然云南白药成立淘宝旗舰店的时候已经有了较高的品牌知名度，但初期开展的营销活动效果依然十分重要，时间线拖得越久，就越不利于线上产品的推广。为了将这个重要的战斗打好，云南白药在掌握了目标用户特征及相关行为数据的基础上，决定利用明星来打开营销市场，迅速吸引流量。

在选择合作明星的时候，云南白药的团队也借助了数据的力量，对所选明星进行了一番全面分析。

首先，明星本身的名气肯定不能太低，一方面，因为是首次举办的大型营销活动，力度必须到位，用没名气的明星试水很有可能会直接"翻车"；另一方面，因为年轻化的用户群体中有很多都是追星一族，或者说即便不追星也不会对这件事产生抵触，因此名气较大的明星拥有的年轻粉丝通常会比较多，团队需要的是足够活跃、具备行动力的粉丝群体。

其次，在层层筛选明星的过程中，团队也在不断进行明星粉丝画像与品牌用户画像的比对，最终锁定了画像相似度比较高且知名度也很高的两位当红明星：黄晓明与井柏然。合作的明星选对了，营销活动基本上已经成功了一半，至于后一半能否成功，还要看团队策划的营销活动内容、形式如何。

在阿里集团的帮助下，云南白药迅速敲定了活动的形式：以 AR 互动为参与方式，以其他社交平台(如微博、贴吧等)的明星粉丝为活动主体，目的是使其能够高效传播本次营销活动。我们可以简单分析一下本次活动的成功之处：其一，两位明星本身的粉丝基数较大，且活跃粉丝较多；其二，活动的形式是新奇有趣的 AR 游戏，比起机械化的投票，这种游戏模式更容易激发年轻群体的参与积极性；其三，为了让活动效果得到进一步提升，活动玩法是让双方的粉丝进行 PK，获胜方的明星能够获得一定资源，而这其实就是通过对用户特征、行为的探索来掌控其心理，使其战斗力可以变得更强。

虽然这些粉丝不能百分百转化为品牌消费者，但在如此大的规模下，如果不是转化比例极差的话，云南白药都是获利的一方。在营销活动结束后，刚开没多久的淘宝品牌旗舰店立刻迎来了超过三十万的粉丝，而产品销售额也得到了较为迅猛的增长。

4.6.4 提炼潜在用户

此次的营销活动很成功，但这并不意味着云南白药团队就可以高枕无忧了，因为其需要的是长期的稳定发展。为了实现更加精准的营销，团队又联合阿里集团试图寻找更多的潜在用户，主要瞄准的用户行为数据包括搜索、收藏、加购等。行为数据综合表现越是优秀的用户，就越容易被团队放置到潜在用户的队伍中，而这些用户在后期将成为团队主要的监控对象，在举办营销活动时也会更多地考虑这些潜在用户的意向。

该如何评价云南白药在刚成立旗舰店时开展的营销战呢？虽然云南白药也有前期积攒下来的影响力，但适逢淘宝"618"大促，想要在众多品牌店铺的包围下获取流量已经实属不易，而其能够一下积聚三十万粉丝，已经是一个非常理想的成绩了。作为一个传统品牌，想要迎合时代发展趋势，将战略重心转向年轻群体并不是一件容易的事，因为其需要打破年轻群体在认知上的阻碍，这不是短期就能实现的。

因此，云南白药在之后又多次借助大数据来进行市场调研，挖掘社会热点。比方说赶在教师节期间创建能够引起用户共鸣的话题，制作了触达目标用户内心的短视频，再经过其他大 V 账号的营销扩散，云南白药又积攒了一批规模较大的新流量。而这一切，都是基于对大数据的利用，只有借助数据才能更稳定地触达用户。这也给许多老品牌提供了营销方面的灵感，数字化转型已经是一个必然，只有率先出击才有机会成为获利者。

第 5 章

标签画像：
让正确的服务匹配到正确的人

互联网时代需要的是个性化服务，而不是像传统时期那样给所有人盖上统一的印章，这种营销手段在当前已经不再受用户欢迎。与此同时，企业所提供的服务必须与正确的人精准匹配，否则就只是单方面的狂欢，这对企业而言毫无意义。为此，标签画像就成了企业进行大数据营销时的必备工具，标签系统越完整，用户画像越精准，企业的营销稳定性就越高。

5.1 核心目的：不断细化标签图谱形成更精准匹配

如果你是一名销售人员，想要拿下一位对企业非常重要的大客户，那么你该怎么做才能提高自己的成功率？无论你制定的策略是什么，都必须建立在你足够了解这位客户的基础上。如果客户明明对酒精过敏，你还在饭局上殷切地邀请客户喝酒，那这个单子基本就算告吹了。如果企业想要使营销活动或所提供服务的效果更具保障，那就必须更加深入地了解用户需求，如此才能形成更精准的匹配。在这里，企业不仅要了解标签图谱这个工具，还要拥有不断细化标签图谱的能力。

如何理解标签图谱？我们可以先思考一个比较简单的问题：你如何介绍你的某位朋友？这时候，回答者可能会说出一些比较具体的表述，如这位朋友的性格是直爽还是温柔，平时具备哪些爱好，是绘画、钢琴，还是舞蹈；如果是学生的话，可以说一说对方的学习成绩；如果是上班族，可以介绍一下对方的职业、工作水平甚至是薪资等。这些都是很寻常的描述，也是企业了解目标用户时常常抓的几个要点。在专属于用户的标签图谱中，这些描述只会更加细致。

构建标签图谱有时候就像是在玩侦查类游戏，玩家需要不断搜集线索去寻找正确的出口。构建标签图谱在大数据时代是非常有必要的，因为只有这样企业才能将正确的服务与正确的用户群体相匹配，这两个条件必须同时具备才能使企业从中获利。

不过，从某种程度上来说，知道自己要找的对象是谁，比制定服务策略的难度要大得多。因为只有找到正确的对象，才能有针对性地开展服务或营销活动；反之，在没有锁定正确对象的前提下，所谓的"正确服务"肯定是不成立的。在这里，我们可以借麦当劳在进入中国市场后的初期营销策略来举个例子。

起初，麦当劳想要大力推广的是以牛肉食材为主的汉堡，因为这种牛肉汉堡在美国是非常受欢迎的，所以麦当劳也希望借此来打开中国市场。但是，一段时间过后，负责中国业务的麦当劳团队成员发现，这种美式特征比较明显的汉堡似乎并不像他们想象的那样受欢迎，麦当劳的业务发展速度也比较缓慢。会出现这样的情况，一方面是基于当时的时代背景，另一方面则是因为这种牛肉汉堡确实不太符合国内人民的口味。

如何才能解决这个问题，为中国的消费者提供能够令其满意的服务呢？通过对中国消费者饮食习惯及地理特征的调查，团队成员发现比起牛肉，或许以鸡肉为主要食材更容易获得消费者的青睐。果不其然，就此改变了营销策略的麦当劳，在推出了多款鸡肉汉堡之后，品牌热度也终于一点点积攒了起来。

麦当劳这个案例说明：如果企业想要实现精准匹配效果的话，就必须了解用户群体的需求，这样才能有针对性地提供服务，避免企业因为判断失误而出现损失的情况。与用户不匹配的服务，就算企业投入再多资金、精力，也照样不会受到市场的喜爱。不过，该案例对标签图谱的应用并不是很明显，现阶段企业往往要为用户群体贴上大量的标签，才能将所服务对象的轮廓大致勾勒出来。

细化标签图谱不仅可以让企业更加了解用户，还有助于其达成高效的精细化运营效果。举个例子，如果小张的家里养了一只狗，而他平时也非常喜欢同各种小动物接触，那这时候淘宝推送的哪条消息能够对其产生吸引力呢？A 的推送关键词是"让你的狗狗更健康"，B 的推送关键词是"××手环上新限时抢购"，你觉得小张会优先选择哪个呢？有很大概率会是前者。至于后者，对于该品牌的饰品爱好者才会充满吸引力。

为用户贴的标签越多，企业能够提供的服务就越精细、优质。现阶段，过于统一化的服务已经很难吸引用户，反倒是各种个性化需求层出不穷。因此，企业必须努力建立起内部标签图谱，并对其进行合理利用。贴在用户身上的标签对用户而言是隐性的，就像抖音会根据用户初期的行为来为其贴上兴趣标签，而后实现较为精准的短视频推送一样，用户只会沉浸在符合自身需求、兴趣的短视频内容中，一般不会去思考"为什么抖音能让我这么上瘾？"这个问题。

建立标签图谱一方面能够让企业更清晰地看到自己的用户群体有哪些类型、各自具备什么特征，另一方面也有机会完成"千人千面"的营销效果。在这里，我们可以将"达摩盘"这个专门用于电商群体的实用工具拿出来说一说。

对于在淘宝开店的企业来说，达摩盘是帮助其构建标签图谱的强大助力。达摩盘所具备的功能大都与精细化运营的先进理念有关，能够根据商家的营销需求推荐不同类型的标签，帮助商家打造出较为多样化的标签场景。通过对达摩盘的应用，电商群体能够获得更多可以精准触达用户的渠道，这就使其在举办营销活动的时候可以为其赋予更多的个性化色彩，通过对人群标签的划分去设定活动的内容。

现阶段，企业必须明确，构建与用户有关的标签图谱并对标签内容进行不断细化与良好应用，是一项非常重要的工作。尚不具备为用户贴标签意识的企业，只会在竞争过程中处于下风，因为其很难为用户提供符合心意的服务，或者说，当其他竞争对手能够提供令用户更加满意的个性化服务时，自己在这方面的劣势只会愈发明显。因此，企业如果想要赢得更多用户、提高用户对品牌的忠诚度，就必须借助不断细化的标签图谱来实现。

5.2 标签系统：完整标签系统的搭建层级及常见的标签应用场景

5.2.1 完整标签系统的搭建层级

给用户打标签这件事，可不是嘴上说出一两个与用户群体有关的基本特征那么简单，必须将其系统化才行。只有具备逻辑性、客观性的标签系统被搭建出来，企业才能借助其完成更多营销目标。但构建标签系统并不是将所有的数据一股脑儿地堆在一起，这样就不是标签系统，而是数据库了，而且还是质量不达标的数据库。如果想要搭建出可供实战应用的标签系统，企业就必须了解完整标签系统的搭建层级，具体内容如图 5-1 所示。

1. 最底层：初始数据层

首先来了解一下处于最底端位置的初始数据层。从理论上来说，位置越靠下的层级，与市场业务的关联度就越低，但这并不代表最底层的层级内容没有价值。恰恰相反，只有将最底层的台阶搭好，才会继续搭建更高级台阶获得通往更高处的机会。如果初始数据层的基础一点儿也不牢固，那台阶搭得越高，风险也就越大。因此，务必重视标签系统中的最底层级，层级的划分只是以业务流程为依据，本质上这几个层级都很重要。

负责搭建初始数据层的工作人员，主要职责就是将数据的采集与加工工作做好，并要好好梳理企业内部的不同业务流程。举个例子，小米在现阶段有多条产品线，如手机、智能家电、出行穿戴等，这些多样化的产品线所对应的业务流程也有较大差别。而工作人员要做的就是将每个业务流程中的基础业务要素提炼出来，而后再根据这些业务要素去采集样本数据，对其进行专业化的清洗。清洗过后的数据暂时还不能直接流入下一个层级，因为这时还需要企业内运营人员的参与。运营人员要在这一层级提出自己的要求，而后再由技术人员根据产品、运营部门的需求去定义标签，设计算法。在这里要注意，对标签的定义必须足够精准，因为这会直接影响算法的有效性。

图 5-1　标签系统的搭建层级

总之，最底层的搭建不能全靠某个人或某个部门负责，必须与其他部门的成员保持良好沟通，并且很多决定都要在得到产品经理认同的前提下才能通过。

2. 中间层：数据业务层

成功抵达中间层的时候，就意味着标签系统的数据基础已经比较稳定了。最底层的工作质量越高，中间层的作用就越明显，这也要求企业不要太着急推进各层级的搭建进度，宁愿速度放慢一些也要保证数据的质量。中间层存在的意义就是为业务方提供其所需要的标签，工作人员同时还要做好对标签生命周期的管控，并将标签中涵盖的数据内容及时提供给需求对象。

就像初始数据层的存在是为中间层的工作质量做铺垫一样，中间层也会紧密连接最高层，影响最高层的工作效果。不过，产出一个业务标签的耗时并不算短，具体要看技术人员的能力与业务需求复杂度，有时候几个月才得到一个新标签也是很正常的。无论如何，企业务必须做好对中间层工作进度、质量的把关，因为这些标签在之后都是要应用到实战场合中，所以绝不能敷衍对待。

3. 最高层：数据应用层

前两个层级都是在为最高层的应用做准备，毕竟企业要搭建标签系统的初衷就是更加了解用户，为其提供正确的服务，而不是单纯为了将标签系统留作收藏。

5.2.2　常见的标签应用场景

相关人员可以根据业务需求自行选择、使用标签，我们可以总结几个比较常见的标签应用场景，如图 5-2 所示。

图 5-2　常见的标签应用场景

1. 用户推送

用户推送是标签应用频率最高的场景，即基于标签来选择推送内容，再分发给具备不同特征的用户，这比常规的统一化"群发"模式的效果要好很多。这种个性化推送的优势主要在于可以更精准地触达用户，能够提高用户点开推送的概率，并以此来实现转化。有些企业还会通过标签来了解用户的行为习惯，以此来选定为用户推送信息的最佳时间。

但是，在用户推送的场景中，企业有时也不能过度依赖标签。虽然大数据能够使企业更清晰地看到目标人群的特征，但不代表这些特征可以百分百与用户的需求、喜好重合，而基于数据产生的标签同样也是如此。有时候用户感兴趣的不一定是其想要购买的东西，过度依赖标签的力量反倒容易为自己制造风险，因此，要注意别让营销思维过于狭隘，实时转变推送路线也能够为用户提供更多的信息点。不过个性化推送的优势还是很明显的，只要企业的应用力度适中，那推送后的效果在正常情况下应该不会太差。

2. 广告投放

早期的广告投放以线下渠道及电视广告为主，而互联网兴起后，各种信息流、开屏、互动广告等接连出现，但在中后期广告投放效果却慢慢变得不是很理想。一方面用户已经厌烦了无差别投放的广告，对大部分广告内容并不感兴趣；另一方面企业却为了广告展示量而耗费了高额成本。

为了解决这个矛盾，许多企业纷纷通过搭建标签系统来进行灵活、个性化的广告投放。举个例子，同一个网站的首页，年轻女性用户看到的是美妆、旅行类的广告，而男性用户看到的则是汽车类广告。这种精准投放的方式可以使网站服务到更多类型的人群，而不是像之前那样，只能满足具备某一类特征的用户，或是将广告内容做得五花八门。

3. 精准营销

精准营销有利于企业更高效地管理自己的用户群体，就像老师会讲究"因材施教"一样，不同类型的学生有不同的教育方法，而不是用相同的要求与教学手段去覆盖所有学生。在精准营销场景中，企业可以借助标签系统挖掘潜力用户，定位有流失倾向的用户，而后再根据这些用户的行为特征制订相应的营销方案。

4. 数据分析

标签类型越多样、全面，就越有利于相关人员做好数据分析的工作。标签能够为数据分析者提供更多的分析视角，并且能够对用户数据进行高效整合，在数据分析的应用场景中是一种十分强大的存在。

搭建标签系统就像盖大楼一样，并非短短几天就能搭建完成，而且后期还需要根据业务要素的变化而优化、删减标签，这样才能保证标签系统的有效性。将三个业务层级搭建起来只是一个开始，每个层级的工作人员都需要持续更新数据、标签的内容，这样才能与不断转变的营销环境相适应。

5.3　标签体系：标签的归纳、分类与处理

搭建标签系统主要强调的是对三个层级的划分与利用，而标签体系的重点则放在了标签内容上，与标签系统中的最底层性质比较接近。构建标签体系可以令企业更快捷地使用标签，不过前提是构建过程要规范，具体流程如图 5-3 所示。

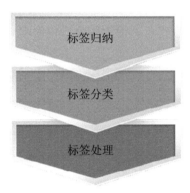

图 5-3　构建标签体系的基本流程

5.3.1　标签归纳

无论是搭建初始数据层还是归纳标签，都必须严格按照业务流程来进行梳理，这样才能保证归纳后的标签足够完整。归纳人员首先要思考的就是企业现阶段存在哪些产品线，而后再提炼出产品线中的用户主体与业务要素。标签归纳其实就是对数据的收集，在这里要注意下述几点：首先，在归纳标签时必须有方向，不能想到什么就去采集什么，这样只会使归纳的标签内容变得非常混乱；其次，归纳标签时要充分考虑对业务场景的需求，就像自助餐中强调的"按需取用"一样，这样能够使标签的归纳变得更加快捷有序。虽然各个企业的业务性质有所不同，不过大多数时候还是会以用

户基本属性、行为数据、购物情况等数据模块为主。

互联网的覆盖使企业拥有了更多采集数据的渠道，但有时候数据既能助人，也能骗人。举个例子，从某位用户的购物行为中，能够看到其近期购买的母婴类产品很多，然而这并不能说明该用户就是新生儿的父母，也有可能是买来送给别人或是替他人购买。有些时候用户为了美化自己的资料，也会填写一些不切实际的信息，这就很容易使提炼数据的人产生误解。因此，在汇总标签的环节要更多地依靠大数据算法。

有些企业在构建标签体系时的思维过于封闭化，只是一味地仿照其他企业归纳、整理出的标签内容，却没有想过这套标签与自己的业务是否适配。归纳标签是为了让各个业务场景在之后可以更加顺利地推进，而不是让业务场景去反过来适应标签，这是本末倒置。

5.3.2　标签分类

标签分类是一个很关键的环节，负责分类工作的人员需要将各种标签变得更加细致、有序。标签分类的主要作用在于将标签体系变得更加高效适用，业务人员有需要的时候可以随时筛选相应标签，就像在翻阅一本词典一样，能够根据关键词快速找到自己需要的内容。在进行标签分类时，需要注意下述几点，如图5-4所示。

图 5-4　标签分类时的注意事项

1. 保证彼此独立

标签分类的目的就是将各类标签区别开来，如果分类后的标签差别并不大，那只能说明标签分类的工作做得不到位。为了保证标签可以彼此独立，分类者必须明确自己的切入点，只有掌握了切入的角度，后续的分类工作才能顺利推进。

就拿最基本的用户属性来说，正常情况下大部分企业都会从性别、年龄、学历这几个基础方向切入，有些企业还会加上星座、生日等进一步细分的标签。这样分类的标签彼此完全独立，不存在重复情况。此外，还需注意标签进行分类时的名称设置，比方说付费用户的等级就可以用无付费以及低、中、高三大频率来区分，完全没必要用较低、一般、正常、较高这种比较模糊的称呼。标签的独立性越强，彼此的区别度越大，标签体系就越能得到有效应用。

2. 标签分级适度

一般将标签分级卡在 3～4 级就可以了，不需要过度深入，分级过多反倒不利于标签体系的构建与使用。还是拿用户属性来举例，一级标签就是用户属性这个大方向，二级标签可以敲定性别、年龄、学历这些切入点，三级标签则要对切入点进行再次分类，如性别可以分为男性与女性等，具体内容见表 5-1。

表 5-1　用户属性标签分级

一级标签	二级标签	三级标签
用户属性	性别	性别-男
		性别-女
	年龄	年龄-××岁
	学历	学历-初中
		学历-高中
		学历-大专
		学历-本科
		学历-研究生及以上

3. 定义必须准确

标签分类不仅是要将标签按照级别区分开，还要对其下具体的定义才行，这也是业务人员最为关注的内容。简单来说，就是要帮助其他部门成员更快速地读懂标签体系，了解每一个标签的来源与相应指标。比方说，符合哪些数据条件的用户才能被贴上活跃用户的标签，一个月内登录次数达到多少，持续在线时间达到多少等。总之，标签的定义必须足够准确，这样才能使标签体系变得更加合理。

另外，分类人员还要了解一些比较常见的标签类型，如静态标签与动态标签。顾名思义，静态标签就是指那些稳定性较强的标签，如用户的性别、生日等；而动态标签则是有时效性的、会受其他因素影响而改变的标签。动态标签涵盖的要素要比静态标签多很多，如用户的付费、活跃情况及品牌偏好度等。

而如果以提炼数据的渠道为分类依据的话，还可以将标签分为两种类型：事实标签，即几乎不需要其他推断、直接从采集到的数据中就可以看到的内容，如用户在实名认证时填写的信息。当然，这里也存在一定的不真实性，比方说有些学生会用监护人的信息来申请实名认证，不过这种情况通常还是少数。与事实标签相对的是需要大数据算法与人为推断来获取的模型标签，这种标签没办法直接在数据中找到，需要相关人员对标签下定义才能获取。

5.3.3　标签处理

其实在标签分类的工作结束之后，标签体系的构建差不多就已经大致成型了，因为重要的信息点都已经显示出来了。不过，为了让标签体系的质量更好，相关人员最好还要再处理一下标签，如与运营、技术等部门人员进行沟通，使这几方人员都能就标签的划分与定义达成一致。标签体系并不是完全固定的，无论是时间段还是用户行为都可以调整。标签也可以组合成复合型标签，但前提是在调整时要有理有据，否则就不要随意改变标签的内容。

标签体系中的内容可以随企业产品线、业务流程的变动而进行调整或删减，标签体系是既灵活又稳定的体系。灵活之处在于体系中的内容是需要持续更新的，而稳定则是体系框架不会轻易改变，一级、二级标签在正常情况下也比较稳定。

总而言之，构建标签体系虽然是一个大工程，但企业也要耐心推进，不能因为工作量大、耗时较长而放弃，这对企业日后开展营销活动是很不利的。

5.4　用户画像：用户画像与用户标签间的关系

用户画像与用户标签在性质上是比较相似的，不过还是不能将其混为一谈。严格来说，用户标签的构建顺序应该放在用户画像之前，因为用户标签能够起到良好的铺垫作用，为企业构建用户画像打好基础。相较之下，用户画像会展示出更加丰富、细致的信息，可视化程度也会更高一些。

企业只有将标签体系搭建好，使每一类用户标签都合理化，在构建用户画像的时候才会更顺利。我们可以举个简单的例子，如果企业设置的用户标签中含有用户性别、年龄、所在地、品牌偏好、支付习惯等内容，那用户画像中呈现的可能就是将这些标签提炼、整理后的产物：小芳，23 岁，河北，手包、项链；小张，27 岁，上海，电脑、耳机……这些只是简易版的用户画像，而画像中涵盖的内容都是从标签体系中提炼出来的。

换句话说，如果用户标签设置到位，用户画像的参考意义就会更强；如果用户标签的分类存在问题或定义有误，用户画像的精准度也会随之下降，企业若以此为依据去开展营销活动将很难从中获利。在利用用户标签构建用户画像的时候，需要注意下述事项，如图 5-5 所示。

图 5-5　基于用户标签构建用户画像时的注意事项

5.4.1　选择正确的标签

其实与其说是从用户标签中进行选择，倒不如说构建用户画像就是要为其打标签，但打标签时一定要尽可能趋于正确方向，不要在没有进行逻辑思考的前提下胡乱打标签。企业要明确自己的产品是什么、具备哪些特征，而后再利用 5W2H 分析法来构建用户画像。我们先来简单总结一下 5W 涵盖的内容：用户定位在哪个方向

(who)、对方要做什么(what)、对方为什么要做这件事(why)、对方想要或通常在什么时候做这件事(when)、用户在哪里做这件事(where)。

就拿《王者荣耀》App 来举个例子：用户是一名大二学生，打《王者荣耀》原因是因为平时的空闲时间较多且朋友都在玩，一般会在每天上午 11:00 左右与下午 4:00—6:00 打游戏，地点以宿舍为主。通过对 5W2H 分析法中部分内容的应用，我们就可以提炼出相应的标签内容了，如用户的年龄、学历、娱乐爱好等。总之，在选择标签的时候一定要有针对性，不要直接照着其他企业构建好的标签体系去逐一套用。

5.4.2　标签数量要适中

用户画像虽然要尽可能完整，但标签数量也要适中，不要一味地堆砌标签，因为很多标签可能对企业而言是无意义的。或者说，与企业所属的业务领域不符。就像企业的产品是外卖 App，这时候去分析用户皮肤状态好不好就是在浪费时间。但将该标签放到护肤品的运营场景中，却又意义重大。企业能够使用的标签在数量上其实没有限制，想用多少标签是企业的自由，不过标签过多容易模糊重点，营销人员难以抓住关键要素，标签太少又会削弱画像的参考价值。因此，还是要结合业务情况适度选择标签。

5.4.3　标签不代表一切

虽然用户画像是由一个个用户标签构成的，但标签并不能代表一切。有些标签能够为营销人员提供引导方向，但也有些标签在业务场景中的用处不大，只是能够体现用户的特征而已。被罗列出的标签不一定都有效，而且有些标签在分类与下定义时虽然没问题，但用户有时会给出一些不真实的数据，这时候用户画像的效果也必然会受影响。

另外，我们在讲解与构建标签系统有关的内容时，也强调了最底层(即初始数据层)的重要性，因为用户标签就是经由最底层获得的，而后也会被应用到用户画像中。如果数据的不真实程度偏高，企业在之后的一系列营销活动都等同于是在对着一个虚假的、毫无意义的画像。

用户画像的应用场景与标签系统大致相似，特别是在精准营销的场景中，用户画像的存在是非常重要的。不过在用户画像构建完成之后，企业还不能立刻就将其投入大面积的使用，还需对其进行相应的检测。检测画像准确度、可行性的方法有很多，我们可以先来了解一下小范围测试过程中常会用到的抽样验证法。

这种方法的优势在于不会耗费太多时间，且成本较低；弊端在于抽样的结果准确度不会太高，无论结果是否与用户画像匹配都会有一定的误差。毕竟正常情况下用户画像的应用都会比较广泛，这种小范围的抽样方式数据量比较小，因此只能起到基础的参考作用。

在创建用户标签的时候，我们也提到过一点，即用户标签并不全都是直接从用户数据中提炼出来的，也有很多是要靠人工与大数据算法推断的。因此，企业也不要将标签中表现出来的特征直接与用户的真实状态挂钩，有些特征可能是事实，但有些特征是不确定的。用户画像本身的意义就是让企业能够以更加立体的形式注视、分析用户，不过不要过度依赖用户画像，认为其就像一面镜子，能够将用户最真实的一面映照出来。

由合理途径产出的用户标签能够让用户画像更接近真实，但即便是目前的信息技术，也没能跨越到画像与事实完全吻合的程度，有些时候用户本人都很迷茫自己为什么会被贴上了某个标签，其实这只是企业经多维度数据分析后的结果。不过，也不必为此而感到沮丧，因为与过去较为闭塞的信息渠道相比，现阶段企业同用户的距离已经大大缩短，且用户画像仍是企业进行市场营销活动时必不可少的助力。

5.5 循环优化：强化用户与服务偏好匹配效率五步走

企业如果想要维持健康的增长态势，就必须保证自己的用户群体足够稳定，即不会出现今天受营销活动影响大规模来、明天又因为活动结束而大规模散去的情况。忠诚度越高的用户价值就越大，能够为企业做出的贡献也越多，因此企业要做的就是努力提供能够令用户满意的服务，尽可能向用户群体的偏好领域靠拢。只有不断强化用户与服务偏好的匹配效率，企业才有机会获得更多有黏性的用户，具体步骤如图 5-6 所示。

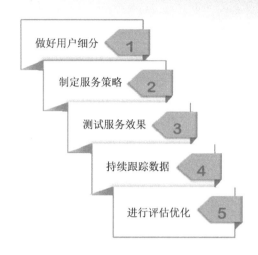

图 5-6　强化用户与服务偏好匹配效率的步骤

5.5.1　做好用户细分

你想要服务的对象是谁？他们又具备哪些特征？虽然这些问题对营销部门的人来说可能已经听到耳朵起茧子了，但它们又是无法回避的问题。毕竟顾客就是上帝，如果企业连"上帝"的需求、偏好都不了解，那想要提供高质量服务是很难的。并不是将营销活动的规模做得越大，对用户就越有吸引力，在这个信息爆炸的时代，只有符合用户心理偏好的内容才能被关注到。

为此，如果企业想要强化用户同服务偏好的匹配效率，就必须做好用户细分的工作。用户细分可以使企业为用户群体提供更加精细化的服务，努力让每个人都能看到自己感兴趣的东西，而不会产生被营销服务骚扰的感觉。在进行用户细分的时候，企业要用到用户标签与用户画像这两个重要工具，同时也要保证所采集数据的准确度、真实性。但要注意，用户细分只是一种手段，不要为了细化而细化，而是遵从业务要素去梳理用户标签。

5.5.2　制定服务策略

当用户细分的工作完成后，企业就要进入比较关键的步骤中了，即根据人群细分的特征制定相应的服务策略。举个例子，某 App 在面向会员用户与非会员用户时，在主页活动区展示的内容是不一样的。会员用户能够看到的是会员专享优惠内容，而非会员用户看到的则是会员的推荐购买内容，并且特意放大标注了"会员权益"与"限时折扣"等字样。

试想一下，如果该 App 并没有进行人群划分，而是统一放出购买会员的活动页面，那就只能吸引没有开通会员的用户。而那些已经有了付费行为的用户，如果长时间看不到会员专属的营销活动，就会产生"这个会员没有价值，不会再续费"的想法。这样一来，企业就难以形成积极的正向循环，而是陷入消极的用户循环状态中，即虽然吸引了新用户，却难以维系付费用户，这对企业而言是一个不小的损失。

这就要求企业必须利用好用户画像，不能在构建出用户画像后就将其放在一旁，全靠直觉与经验做决定。细化后的用户画像可以使企业更有针对性地制定营销服务策略，比如说根据定义清晰的用户指标去划分不同的用户群体，而后针对这部分群体定时发一些关怀类的推送，如某些银行就经常会以短信或电话的形式为有价值的老客户提供一些资讯信息，或是在节假日期间向其致以问候，也会在客户提出问题前抢先一步为用户提供解决方案。这种精细化的营销服务能够使银行留住更多优质客户，也能为其带来更大的经济效益。与之相比，银行为制定和实施个性化服务耗费的时间、精力根本就不算什么，因为其通过提供这种服务获得的资源是非常可观的。

此外，在制定服务策略的过程中，还要通过用户画像定位用户的常用渠道，这样才能精准触达对方，否则只是单方面的传递营销，它根本就发挥不了作用。

5.5.3 测试服务效果

在针对不同类型的用户群体制定了相应的服务策略之后，企业也不要急着将其尽快落实到位，因为这时候的服务策略只是基于用户画像生成的，没有人能保证其面向的用户群体一定会对此感到满意。如果用户画像出了问题而企业并不知晓，很容易弄巧成拙、引起用户的不满，所以必须先测试一下服务效果再做决定。

在这里，我们介绍一个在营销领域中应用率比较高的测试方法，即 A/B 测试。该测试方法的应用重点就在于设置对照组，每组的测试结果都具备较强的参考价值，且能够使企业的策略内容得到进一步优化。不过在开始测试之前，负责人员首先要明确用户的分类是否合理，其次要保证参与测试的用户数量不能太少。

从这里也可以检验一下企业的用户细分质量如何。规模太小的用户群体并不具备细分价值，通过 A/B 测试，企业可以初步判断营销服务的预期应用效果，也可以在这里对其进行小幅度的调整，使其在正式应用后可以有一个更理想的成绩。

5.5.4　持续跟踪数据

无论企业采取的测试方法是什么，也不管测试的结果是好还是坏，在具有针对性的营销服务正式推出后，企业还是要持续跟踪用户行为数据，不能因为测试得到比较理想的结果而对应用后的数据过于放心。在持续跟踪的过程中，有可能会出现目标用户与服务匹配度不高的情况，这种很正常，毕竟用户画像并不是用户最真实的写照，有时候难免会出现一些误差。

如果是比较重要的、规模较大的营销服务，相关人员就必须做好实时监控的工作，一周统计一次数据的频率都是不合理的，最好每天追踪一次数据。通过跟踪目标用户群的行为数据，企业大致可以得到几个基础信息点：用户对针对其开展的个性化营销服务满意度是多少，服务推进的过程中遇到了哪些阻碍，两大主体的匹配效率是否得到进一步提高等。在分析数据的时候，分析者要保持客观心态，不能被太多主观想法干扰，并且要注意数据的时效性。

5.5.5　进行评估优化

大多数基于用户偏好制定的服务策略都不会完美无缺，总还有一些地方可以优化，因此在活动开展某一时间段后，营销人员还需做一次完整的总结评估。就拿某些运营商向用户推送的业务套餐消息来说，可以分析一下本次活动过程中共发出了多少条推送消息，这些消息的响应率与转化率如何，产生关键行为的用户在总体目标用户中的占比如何等。在效果评估的工作结束后，营销人员要根据这些检索出的问题来对其进行优化，并在后续制定其他服务策略的时候注意些问题因素不能重复出现。

这五个步骤环环相扣，如果企业的工作能够做到位，那么便有可能形成一个健康的循环，使企业能够拥有更多高价值用户，且能够有效控制营销服务的成本。在推动循环链产生的过程中，用户画像起到的作用非常明显。因此，话题兜兜转转还是要回到对用户标签、画像的利用上，所以做好准备工作才能拥有良好的发展前景。

5.6 【案例】：完美日记营销中对用户画像的极致应用

早几年说起美妆市场，还没有多少人会注意完美日记这个品牌，但随着完美日记的快速崛起，这个品牌在市场中的知名度越来越高。2019年，完美日记成功在"双十一"当天拿下了天猫彩妆区域的销售冠军，以极为强势的姿态宣告着自己如今的成就。完美日记的成功要归功于互联网大环境的助力，但绝不能凭此就用一句"碰巧走好运而已"来对这个品牌下定义。事实上，品牌要发展就必须依赖营销，而完美日记的营销手段很显然十分成功。

我们先分析一下完美日记的用户画像。由于完美日记是美妆品牌，所以将主要的定位方向放到女性群体身上，以此来迅速开拓自己的营销市场。而在年龄方面，年纪过小的用户与美妆市场的接触较少，开展营销活动时受到的阻碍也比较多，所以在完美日记的用户画像中，大学生群体与初入职场的年轻女性标签十分明显。下面我们就结合品牌的基础用户画像来详细分析一下，其在营销过程中以用户画像为依据进行了哪些应用，如图5-7所示。

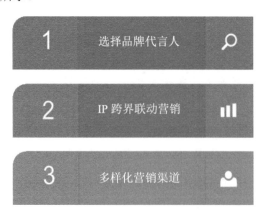

图5-7 完美日记营销对用户画像的应用

5.6.1　选择品牌代言人

完美日记能够崛起，有很大一部分原因在于品牌代言人的选择。代言人的作用是给帮助品牌带来流量，扩大影响力，并且能够为其带来高效的转化。但是，这一切的前提都建立在代言人与品牌契合度较高的基础上，如果代言人本身没什么影响力或与品牌定位差距较大的话，那企业就只是在白白烧钱而已。

2018 年是完美日记开始发力的时间，同时也是热门选秀节目《偶像练习生》爆火的时期。在第一季节目收尾后，完美日记便将营销的视线转向了节目中成功出道的一位偶像，并在一番宣传预热过后使他成为自己的第一位唇妆代言人。在代言人正式被宣布后，完美日记便顺势推出了第一波营销活动，其中就有偶像指定的、带有粉丝应援色的口红，这款口红迅速售罄。

完美日记之所以能借该位偶像顺利打开美妆市场，主要还是因为其抓住了用户画像中的用户偏好特征：首先，这位偶像的优势在于刚刚结束选秀节目，粉丝黏性与消费能力都比较强，且粉丝画像与完美日记用户画像的重合度也比较高，粉丝群体主要以年轻女性为主；其次，完美日记利用了该年龄层次女性的追星热情，粉丝经济在这个时代是非常强大的存在，如果能够利用好就能够为品牌带来较大的回报。

在这之后，完美日记又陆续宣布了几位代言人，这些代言人的粉丝画像也都有着年轻化的特征。不过，真正引起外界大规模讨论的，还是其在 2020 年新公布全球代言人为周迅、品牌大使为 Troye Sivan。

先来说一说周迅。作为一位知名演员，周迅在许多人心中都有着非同一般的地位，而其粉丝属性也比较多元化，其中许多人早已脱离了学生身份。虽然粉丝画像的重合度不高，但完美日记能够签下周迅，依然是一步非常好的棋。周迅本身的高级感很强，而且在国际上的影响力也不低，许多人都没想过完美日记作为一个成立短短几年的新兴品牌可以签下周迅，这也为完美日记品牌贴上高端化的标签。而作为年轻的用户群体，对高端品牌的接受度与向往度都很强，这也使完美日记可以进一步靠近自己的目标用户。

而另一位品牌大使 Troye Sivan 则是一位知名男歌手，外在条件很好且年纪也比较小，"95 后"的标签使其与完美日记的用户画像适配度变得更高。年轻的用户群体对这些具有个性化特征的年轻偶像大都比较感兴趣，有很多人也是 Troye Sivan 的粉丝。因此，在完美日记接连公布代言人的之后，品牌影响力又扩大了许多。

5.6.2 IP 跨界联动营销

代言人能够为完美日记带来不少热度，但完美日记并没有因此而忘记自己的本职工作：为用户提供优质产品。如果产品在市场中不具备独特优势，即便完美日记签下再多有名气的代言人，也只是在慢慢消耗自己的品牌价值而已。因此，我们可以看到完美日记又陆续推出了许多 IP 的跨界营销活动。

先说一说完美日记与纽约大都会艺术博物馆的跨界合作。完美日记本次主打的产品是口红，无论是膏体还是包装都进行了精心的设计(见图 5-8)。不过，能够俘获用户的可不只是新奇又美观的口红造型，还有其背后的设计理念。大都会艺术博物馆收藏了许多皇家肖像油画，如《维多利亚女王》《查理十世》等，而本次联名的口红就是在设计师吸取了这些油画中美丽色彩的前提下研制出来的。

图 5-8 完美日记联名口红宣传图

不仅如此，完美日记在为口红进行营销宣传的时候，还隔空请来了几位"皇家代言人"：路易十四、玛丽亚夫人、维多利亚女王……尽管知道这只是一种营销手段，但完美日记的用户群依然会被打动，"皇家""高端""奢华"这些关键词一个个砸下来，能够对年轻的女性用户产生极大吸引力。

除了口红、眼影这些比较常见的联名产品，完美日记还撬动了香水市场，希望通过与日本导演岩井俊二的合作为国内香水赋予新的色彩。年轻的女性用户除了对高端产品有一份喜爱以外，内心也有着对浪漫、治愈场景的向往，因此，完美日记先是用一部微电影做预热，而后请国外的知名插画师为香水外包装进行了精致的设计，几款香水均给人以温柔、文艺的感觉，而香水味道的设计与带有美感的文案描述也击中了女性消费群体的心。

在 IP 联名这方面，完美日记对用户画像的应用几乎做到了极致，每一次的联名对象以及限定产品，都是以用户画像中的标签特征为依据来进行选择的。

5.6.3　多样化营销渠道

完美日记非常注重营销，为了提高自己的曝光率，它在许多渠道都进行了良好的布局。在选择营销渠道的时候，完美日记也是以用户画像中的"年轻化"特征为主，将重点放在了微博、小红书、B 站等聚集了大量年轻群体的平台上。有了占优势的营销渠道还不够，完美日记也非常重视各个平台的 KOL(key opinion leader，关键意见领袖)，所以我们可以在很多平台看到那些有名气的美妆博主发布完美日记的开箱、测评、仿妆等类型的视频，或是以图文形式为用户"种草"。

如果完美日记只是规规矩矩地走常规营销渠道，如大量发布产品宣传图，其成长的速度肯定没有现在这么快。用户之所以会对完美日记产生兴趣，一是因为年轻化的营销渠道与 KOL 的助力；二是因为其每次都会强调"高颜值""精致"这些营销关键词，抓住了年轻女性对美的渴望。

通过完美日记的营销案例，我们可以看出用户画像在营销场景中的重要性。完美日记成功的关键在于精准构建了用户画像，并且能够提炼出画像中的潜在标签，再辅以正确的营销服务，自然能够一步步接近自己的目标市场。

第 **6** 章

数据分析：

学会让数据来回答你的问题

数据分析是一项专业性很强的工作，难度相对来说也比较大，但如果能够将数据分析的工作做好，将会为企业营销活动的开展带来很大的助力。为了实现这个目标，企业内部的数据分析人员至少要掌握最基本的技法，如关联规则、知识推理等；还要熟练应用各类模型，如漏斗模型、事件模型等。进行数据分析的过程其实也是让数据去回答问题的过程，这也要求企业必须招募能力素质过关的专业人才。

6.1 分析目标：用好数据分析对做好营销的三重加持

如果问某些企业人员，数据采集、处理之后的步骤是什么？可能许多人都会自然地接上一句"分析数据"。但是，分析数据的意义是什么？数据分析与营销活动之间又有怎样的关系？很多人并不清楚这些问题的答案，甚至没有想过这些问题，只是机械地分析数据。但这样的分析方式对企业没有太大帮助，企业必须明确数据分析的目标。

我们可以先来举个例子了解一下数据分析在营销场景中的应用。假如你给一百名用户发了推送，一段时间过后，你是不是要了解一下这些推送的接收情况？有多少用户点开了推送？有多少人对这条推送视而不见？又有多少人经由这条推送的引导产生了付费行为？如果想要知道答案，就必须借助数据分析来获取相关线索。你也可以对其进行更深入的分析，如那些没有点开推送的用户具备哪些特征？这些用户是否出现了流失倾向？面对带有这种特征的用户，要如何制定营销策略才行？

只是一个简单的发推送场景，就能够牵扯出这么多的内容，更不要说其他复杂的营销场景了。做好数据分析工作，可以为企业营销带来诸多益处，我们可以提炼一下其中的重点，如图6-1所示。

图 6-1 数据分析对企业营销的帮助

6.1.1　提高营销决策精准度

很多非行业内人员或是对营销工作不了解的人，在提到营销决策的时候经常会不以为然，认为做营销决策没什么难度，也不具备太强的风险性。虽然营销决策在正常情况下确实无法与企业战略转型、大型项目建设等关乎企业未来命运的重大决策相比，但其风险度也绝对不算低。

就像我们在上文提到的完美日记案例，选择品牌代言人就是一个很重要的营销决策。代言人的商业潜力、粉丝画像与代言费用等，这些都是企业在选择代言人时需要考虑的要素，而不只是看代言人有多高的知名度。

有些明星的名气确实很大，但与完美日记的用户画像、品牌理念等不相符，更有甚者业内风评不是很好，贸然选择的话会为品牌带来诸多风险。不过，完美日记发展至今已经有了一定的容错空间，而各方面都不是很稳固的创业企业却要步步谨慎，如果花费重金却请来了一位无法拉动品牌利润增长的代言人，那就得不偿失了。

在数据分析的帮助下，企业能够更加精准地做出营销决策，即其在做决策时是有据可依而非冲动、盲目行事的。数据分析能够为企业提供更多的客观信息，企业可以根据这些信息做出相应判断。除选择品牌代言人，比较常见的营销决策还包括对目标市场的定位与开拓，如何吸引与留住用户等，这些决策的最终方向都会对企业发展产生影响。

6.1.2　监视、预测对手动向

营销不是一个人的战斗，而是一个多人的战场，因此企业在做营销决策的时候，还必须时刻关注竞争对手的动向。当然，这里的关注肯定无法全靠肉眼来做到，全面、客观的数据分析才是企业最为强大的监控摄像头。

就拿广告的投放、推广这件事来说，恶性竞争不可取，对中、小型企业来说，投放广告的理想效果就是在合理把控成本的前提下获得更多流量与收益，而不是非要与竞争对手硬碰硬。

通过数据分析，企业可以了解竞争对手的一些基础信息，比方说竞品推广的时间是什么时候，持续时长有多久，关键词热度高低等。

在通过数据分析获得这些有价值的情报之后，企业就可以结合内外部的情况制定或调整自己的广告投放策略了。无论是选择加足火力继续追加，还是转变投放方向、错开竞争高峰都是企业的自由，但前提是企业必须靠数据了解自己的竞争对手，而不是全凭直觉行事。

在企业的营销之路上，数据分析不仅能够成为推动其发展的动力，还可以成为指向竞争对手的武器，使企业能够有效防范竞争过程中的一些风险，并能占据偏主动的位置。

6.1.3　提供精细化用户服务

精细化用户服务是现代营销模式中较为重要的一个板块，也是企业获取目标用户的关键。如果还是像往常一样采取无差别对待目标市场的营销形式，那么企业在市场环境中的地位将会变得非常不稳定，一方面因为企业缺乏提供个性化服务的能力，便很难取悦消费者；另一方面则是因为竞争对手都在前进，都在试图为用户提供更加精细化的服务，若企业还滞留在原地，必然会很难在市场竞争中取胜。

因此，为了迎合时代潮流，提高自身竞争力，企业就必须尽快向精细化服务的方向转型。很多企业虽然也有这方面的意识，但却得不到来自各细分市场的理想反馈，其中很大一部分原因就是企业没能做好数据分析的工作，没能透过数据去触碰用户的内心。虽然数据分析并非读心术，不过利用得当的话，也可以使企业更高效地读取用户需求、喜好。

像海尔的转型就发展得比较顺利，从过去的批量化生产模式转向以细分人群为对象去为其提供精细化服务的灵活营销模式，在这种新模式下研发出的产品也被贴上了个性化标签，能够满足更多不同类型用户群体的需求。海尔会有这种改变是很正常的，因为传统产业与传统营销模式已经不再适应这个被信息化高度覆盖的时代，只有提供更多具有差异化特征的产品、服务，才能取得优势，被市场认可。

数据分析虽然不一定能使企业的营销效果有多出彩，但至少能够使企业的营销活动、决策多一些保障。企业的数据分析能力越强，就越容易使企业市场营销的效果得到提升，这也要求企业在能力允许的范围内多吸收一些优秀的数据分析人才。这些人才将会是企业前行路上强大、稳定的助力，也是营销场景中必不可少的参与者。

6.2 基本技法：关联规则、离群数据与知识推理

数据分析本身是一项专业性很强的工作，并不是每天统计一下当日数据、做个报表、整理一下内容这么简单，而是需要掌握一定的分析技法。有些企业为了节省自己的用人成本，没有寻找专业的数据分析人员，而是让一些对数据分析一知半解的内部人员去负责这项工作，那么结果也就显而易见了，常常是数据分析不够透彻，分析结果存在问题，这些都会直接影响企业的营销效果。下面我们就来介绍一下比较基础的几种数据分析技法，如图 6-2 所示。

关联规则 ＋ 离群数据 ＋ 知识推理

图 6-2 数据分析的基本技法

6.2.1 关联规则

关联规则在营销场景中的实用性很强，特别是对电商群体及将营销重心放到网购平台中的企业而言，用好关联规则往往能够为企业带来更多的资源。在这里，我们可以先了解一个与关联规则有关的应用案例。

沃尔玛的总部设立于美国，连锁超市的数量也非常多，而某家超市将婴儿专用的尿布同成年人非常喜欢的啤酒放到了一起进行售卖。单看这两件产品似乎完全没关联性，放在一起也显得非常格格不入，正常看来还不如将尿布与同为婴儿用品的柔湿巾、爽身粉等联同售卖效果好。然而，这种看似并不搭调的售卖形式，结果却超出了大多数人的想象：调整了商品的摆放布局之后，这家沃尔玛超市中的尿布与啤酒销量双双上升，效果比调整布局之前要好很多。

为什么会出现这种情况？这两件在理论上很难被关联到一起的商品，究竟是凭借什么来大幅度拉动销量？这就要从沃尔玛公司对数据与顾客购物习惯的重视度说起了。为了更加了解顾客的购物习惯，沃尔玛公司对各个主要连锁店的数据进行了深度分析，最后得到了一个有些"荒谬"的结论：尿布同啤酒的关联度竟是最高的。

原来，尿布的采购者通常是婴儿的父母，母亲的采购清单一般会比较复杂，而父亲则经常会在下班后遵照妻子的叮嘱去购买尿布，还会顺带着购买自己喜欢喝的啤酒。虽然不是每个购买尿布的父亲都会顺手购买啤酒，但不可否认的是，有这种购物习惯的男性比例确实不少，此后沃尔玛调整商品陈列位置的结果也证实了这一关联结论。

结合沃尔玛的案例，我们可以看到企业能否利用好关联规则还是很重要的，因为这有可能对其具体收益造成直接影响。关联规则最早提出时的背景就是商家想要更了解顾客的购物习惯，即顾客在购物过程中经常会将哪些商品放在一起购买。不要觉得这是牛奶+面包这么简单的搭配，购买牛奶的人是否会将面包也一同放到购物篮中，可不是靠自己的生活体验来推论的，而是要借助关联规则来进行数据分析。

关联规则的应用原理是先将用户的购物数据汇总起来，而后将同时购买了 A、B 或 A、C 等组合产品的数据提炼出来，再根据用户所占的比例去分析产品之间的关联度。当然，这只是一个例子，在正式的应用场景中，A、B、C 等多款产品也有可能会出现关联关系。在利用关联规则挖掘关联关系的时候，数据分析人员通常要用到 Apriori 算法，在这里我们需要了解两个重要的名词。

(1) 支持度。假设某快餐店在某日的顾客量有 1000 人，而购买了牛肉汉堡的人有 300 人，那么这时候牛肉汉堡的支持度就是 0.3(300÷1000 的结果)。

(2) 置信度。我们依然以快餐店的场景为例，置信度就是同时购买了柠檬茶与牛肉汉堡的顾客在所有购买牛肉汉堡顾客中所占的比例。如果发生了同时购买行为的顾客有 150 人，那么这时候置信度就是 0.5(150÷300 的结果)。

企业需要合理设定支持度与置信度的指标区间，两个指标的最小值在 Apriori 算法中通常会有较多的应用。

6.2.2 离群数据

从字面意思来分析，离群数据指某数据脱离了群体，在数值方面与其他数据的差异度较高。当数据分析人员发现离群数据时，就必须予以重视，并且需要谨慎对待，不能以过于轻率的态度去处理离群数据，如一经发现便立刻将其删除。不要将离群数据当作"害群之马"去对待，离群数据也是有分析意义的。

离群值以数据可视化的形式呈现出来时，通常是最明显的，不过也不能单纯靠图表去检验离群值，要在结合业务实际情况的基础上用专业的数据处理方法去进行分析，如线性回归。数据分析人员先不要急着对离群数据做什么，可以先将其保存下来，而后再寻找离群数据出现的原因。有时候录入错误也会导致离群数据产生，不过这种情况在企业中还是比较少见的。

如果分析了各方面的原因后，离群数据的逻辑错误问题依然存在，这时候企业一般不会将其继续保留，而是会将其删掉。但如果离群数据不存在这种逻辑错误，数据人员就不能这么轻易地将其抛弃，如与离群数据被删除前后的数据统计结果进行一次对比，如果结果没有明显矛盾，离群数据就可以继续保留。

另外，数据分析人员删除离群数据之后，还要面临一个分岔口：是选择继续补充新的数据，还是就此收手、不再进行更加深入的观察。对离群数据的处理通常会放在数据清洗的环节中，为了不影响后续环节的质量，相关人员必须慎重一些。当然，如果清洗数据过程中没有发现离群数据，那自然是最好的结果。

6.2.3　知识推理

当企业由于编程错误或某些设备硬件出现问题的时候，也会出现数据异常的情况，这些数据大都可以被归纳到噪声数据的范围内，对企业而言它们一般是无意义的。如果想要将这些噪声数据检测出来，企业可以用知识推理的方法来对其进行检测。知识推理的应用重心在于借助部分数据去推理一些其他的数据结论，而后再对结论进行泛化处理，使结论能够从部分数据转移到更大范围的数据中。在数据分析的场景中，企业可以借助知识推理的力量去得到更多可以应用于整体的数据推论。

上述提到的这三种基本技法，整体来说，关联规则的应用率会更高一些，因为这种技法与企业的营销场景关系比较紧密。此外，如果想要利用好这些技法的话，企业还是要将目标放到优秀的数据分析人才身上，因为这些技法的应用过程常会涉及一些模型、公式以及计算机编程的知识，并不是普通人员可以处理的。

6.3 漏斗模型：实现逐层监控、分析、优化

如果营销人员没有听说过漏斗模型的话，那么毫不客气地说，该营销人员有很大概率是难以胜任本职工作的。之所以会得出这样的结论，是因为漏斗模型在现阶段的应用十分广泛，是企业开展营销活动时必不可少的工具。特别是电商群体，对漏斗模型会格外关注，因为用好漏斗模型可以使自己更稳定地获取流量与转化。

漏斗模型只是一个统称，目前被划分出的比较常用的模型主要包括 AARRR 模型、AISAS 模型等，还有一些模型是应用于特定领域的，如电商漏斗模型与转化漏斗模型。那么，漏斗模型究竟是什么？大部分人应该都在现实生活中见过漏斗的实物，这是一个自上而下进行液体或粉状物过滤的容器，而将其应用到营销场景中，效果其实是一样的，只不过容器中的过滤物由粉末变成了用户。而企业要做的就是利用漏斗模型留住更多的用户，使其不会在"过滤"的过程中流失。

用户在刚刚进入漏斗的时候，往往还只是一名普通用户，有些人甚至连品牌的名字都没有听说过，但这并不要紧，因为对小企业来说，大部分用户的初始状态都是这样的。通过漏斗一层层地过滤，很多用户会完成身份的转化，即从低价值的普通用户转化为产生付费行为的高价值用户。很多企业在应用漏斗模型的时候，都希望获取更多优质用户，但漏斗模型并不是可以自动运行的程序，也不是可以多次套用的数学公式，而是一种灵活的思维理念。

漏斗模型中的各个层级环环相扣，而企业要做的就是对漏斗模型的中每一个层级都给予关注，否则漏斗模型不会自动向下一个层级迈进。漏斗行为通常可以很好地反映用户行为，我们可以代入到一个生活化的场景中：你和你的朋友想要去吃饭，于是在美食街内寻找自己感兴趣的餐厅，而后受某餐厅装潢的吸引进入店内，被服务员引导后开始浏览菜单，而后完成点菜、结账的行为。

在这个场景中，你的身份转化是从一名路人变成顾客，当然也有可能在之后成为对餐厅黏性较高的回头客，这就要具体问题具体分析了。这种身份的转化看似很顺利，实际上中途却有可能受到诸多阻碍：正好赶上用餐高峰期，店内一时间没有多余的位子，而服务员又未能及时引导顾客，于是顾客便有可能会因为不耐烦或收到其他

餐厅的宣传单而离开；在浏览菜单的时候，顾客可能会觉得该餐厅的食物与自己的口味不符，或价格超出了自己的想象，这时顾客也有可能会流失，而无法进入转化漏斗的最关键层级中。

因此，漏斗模型本身其实并不难理解，难点在于企业能否顺利完成层级的推进。下面我们就来探讨一下企业在应用漏斗模型时需做好的工作，如图 6-3 所示。

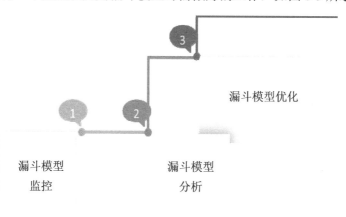

漏斗模型优化

漏斗模型
监控

漏斗模型
分析

图 6-3　企业应用漏斗模型需做好的工作

6.3.1　漏斗模型监控

想要高效利用漏斗模型，企业首先要将对漏斗模型的监控工作做到位。在这里要强调的是，虽然将漏斗模型的监控放到了第一位，但这并不意味着之后的应用环节就用不到监控手段了，事实上企业对漏斗模型各层级的监控是一项长期且全面覆盖的工作。如果企业连最基本的监控工作都做不好，那就不要说能够对漏斗模型中的数据有多深入的分析与利用了，很有可能会像到餐厅用餐的顾客一样，因为各种原因已经流失了，而"忙碌"的服务员却还没有发现。

只有将监控工作做好，漏斗模型中出现的一些异常才有可能被监控人员及时捕捉到，当然，数据是否要被打上异常标签还要看企业的预设值。面对不同的漏斗层级，监控人员要明确自己的数据监控重心在哪里，不要每个层级的用户行为数据都予以同样的重视，这样一来会使自身工作量增加、监控效率下降，二来会使某层级有价值的数据被忽视。举个例子，在获取用户的初始层级，监控者要关注的往往是各渠道的流量来源情况，并对这些渠道按热度情况进行排序，以此来定位有潜力的渠道。

6.3.2 漏斗模型分析

在监控者的辅助下，对漏斗模型的分析工作也可以有序开展，虽然每个环节的关联度都很强、彼此是相互影响的，但数据分析依然是重中之重。无论企业打算将漏斗模型应用到哪个场景中，其间产生的数据量都不会太少，这就意味着数据分析人员必须将这些数据的价值体现出来，而不能使其白白被浪费。在分析漏斗模型的时候，需要采取下述方法，如图 6-4 所示。

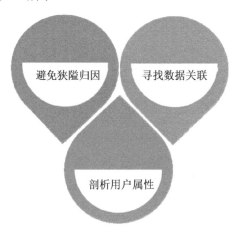

图 6-4　分析漏斗模型时采取的方法

1. 避免狭隘归因

有关归因谬误的知识，我们在前文进行了详细阐述。过于狭隘、草率的归因会使数据原有的价值难以体现，而且还会导致漏斗模型各层级的转化变得更加困难，因为它会导致企业找不到促进转化的关键点，会影响漏斗模型的整体运行效率。因此，狭隘归因不可取，数据分析人员必须了解每个层级的数据重心，并结合具体的任务目标进行分析。

2. 寻找数据关联

在分析漏斗模型的时候，要注意寻找数据之间的关联，不要用过于独立的目光去注视数据，很多数据只有结合起来分析才有意义。举个例子，实惠的打折活动能够激发用户的付费欲望，但前提是用户能够看到该活动，如果用户连活动开始了都不知道，那再大的折扣力度都是没用的。因此，在这里可能会牵扯到活动的宣传渠道以及其他的数据因素，还会涉及一些对归因理论的应用。

3. 剖析用户属性

漏斗模型很重视对用户属性的划分。每个层级的用户都有不同的属性，如果企业对其一概而论的话，漏斗模型推动用户转化的作用就很难发挥出来。数据分析人员要擅长通过数据对用户群体进行合理分类，这样才能有针对性地制定与其相符的营销策略，而后才能顺利推动漏斗模型层级的过渡。

6.3.3 漏斗模型优化

数据分析工作的成果更偏向于理论，而对漏斗模型的优化则是将这些理论应用到实战中，使每个层级的转化效率可以达到最优水平。当然，这里的"最"也只是在某一时间段内，当企业通过数据的监控与分析找到更能有效促进用户转化的要素时，漏斗模型的优化方案便也会随之革新，总之，不要将其当作是一次性就能结束的工作。

对漏斗模型进行优化是非常有必要的，哪怕企业认为当前的漏斗模型运行状态良好，也要持续关注漏斗模型的优化工作。因为用户对企业而言永远是灵活多变的，即便是属性、行为比较稳定的用户，也不代表其永远都不会流失，所以企业必须针对漏斗模型中反映出的一些用户行为来制订相应的优化方案。

企业之所以如此重视对漏斗模型的应用，是因为该模型能够有效降低其开展营销活动时的风险，使企业的每一个决策都能最大限度地命中靶心，而不是耗费了时间但放出的箭很多偏离了箭靶。

6.4 事件模型：如何针对特定事件开展各维度分析

在规划营销物料、衡量营销效果时，我们常常会希望通过数据追踪洞察目标受众对特定元素的态度，乃至希望在此基础上预测目标受众会更喜欢哪些元素，进而优化营销方案，达到更好的营销效果。这一洞察数据的过程便是人们常说的事件分析。

由于十分常用，事件模型也是数据分析模型中最基础的一种类型，具体过程为针对某特定事件，通过指标量化事件行为背后所包含的人数、人均次数等数据，再经由去重、求平均等方式得出事件背后所涵盖的属性、趋势，其间的异常值处理同样有挖掘意义。下面我们便通过一款互联网资讯产品的经典事件案例来展示各维度的分析过程与作用。

6.4.1　本身特征统计

事件本身特征统计有利于我们了解当前主要产品用户群的概况。当然，实现这一点的前提在于先设计好事件所对应指标的含义，还是那句话，利用好大数据的前提是先定义好问题，再带着问题去观察、分析数据。

如对一款互联网资讯产品而言，运营者希望了解当前主要用户的产品使用概况，访问 IP 量、IP 来源、IP 地址分布、IP 性别年龄分布、IP 停留时长、IP 主要关注页面等均是非常重要的数据。通过这些数据，运营者可以了解用户在网络上的主要分布位置及对哪些内容最感兴趣，它们对进一步提升产品访问量、优化产品内容、提升产品会员指数，均有着非常重要的意义。如果这些数据在近期产生了异常波动(突然增高或突然降低)，也要及时关注背后所暗含的变化。

6.4.2　属性特征统计

如果说事件本身特征统计是在关注基础流量指标，那么事件属性特征统计所针对的便是与用户行为偏好相关联的行业关键指标。如对资讯产品营收而言十分重要的信息流广告，用户对该类广告的观看量、下载量便是非常重要的行业指标；再比如资讯产品推出付费课程后，用户对付费课程的购买率、复购率，同样决定着产品的营收。这些关键用户行为的偏好分析，便属于事件属性特征分析。

对产品营销而言，这些数据十分重要，如资讯产品为付费课程推出优惠活动后，这些数据相比平时的波动变化便可以帮助运营者清晰了解产品主流受众对付费课程的价格敏感度，为此后新的产品营销活动提供数据支持。

6.4.3　自定义指标运算

每个创新产品都是独一无二的，也就自然有了其专属的独一无二数据指标，需要运营者自定义分析。如还是那款资讯产品，采用 UGC(user generated content，用户生产内容)的内容生产方式后，为提升内容丰富度与质量，显然需要对 UGC 内容生产者加以激励，那么激励价格、作者的收益提现周期、作者会将收益用于产品中的继续消费还是会全部提现等数据便需要额外关注，毕竟这不仅关联着产品质量、市场竞争力，还关联着产品的营收账期，乃至关乎着企业的现金流状态。

6.5　分群模型：怎样针对特定分组用户开展数据分析

教师面对学生时所遵循的原则是因材施教，而企业领导者在用人时讲究的也是根据不同员工的能力、性格等为其分配不同的工作、任务。将学生与员工换成用户群体，其实也是这个道理，企业要善于借助分群模型来应对不同类型的用户，并在此基础上开展数据分析工作。

分群模型，顾名思义，即将用户划分为不同的组别，每个组别的用户都有着较强的差异化特征。如果各个组别的用户过于相似，那么对其进行分群也就没有意义了。如果说企业在漏斗模型中的主要工作是为用户分层，那么分群模型就是要对停留在不同层级的用户进行更深入的细分，将其切割为一个个特定的组别。企业如果能够用好分群模型，那么就可以为不同组别的用户提供更加精细化的服务，也能提高用户留存与转化的概率。

在讲解漏斗模型时，我们已经提到过用户不同属性这个问题。即便是处于同一个层级，不同属性的用户依然会做出不同的行为。比方说有些用户在注册账号后便会变成长期失联的状态，而有些用户则会保持较高活跃度，并会迅速进入付费阶段。企业可以根据用户的行为特征来为其划分组别，正确的分组可以提高数据分析的效率。目前，比较常见的用户分群依据主要包括下述几种(见图 6-5)，我们可以结合这些分群依据来看一下不同分组用户的数据分析重点。

图 6-5　常见的用户分群依据

6.5.1　付费情况

付费情况是企业对用户分群的重要依据之一，大部分企业都会非常重视根据付费情况划分出的用户组别，因为许多高价值用户能够由此被划分出来，而这些用户将会成为企业在之后的重点监测对象。就拿某些企业管理工具来说，其一般会提供免费、试用及付费这三种版本的产品，这样一来，具有不同付费行为的用户也可以自然地被归到三个特定组别中。

如果某款产品的免费用户比例较高，那企业就要提高警惕了，因为这种情况如果长期持续的话，那企业便很难从中盈利，产品的发展前景也不会很乐观。因此在面向那些暂无消费行为的用户时，企业需要关注一下其具体属性与行为动向，如免费组别中使用产品频率较高的用户就具备较大的转化潜力，而那些只是偶尔才会用一下产品的用户转化起来会比较困难。

另外，试用版本一般也是不会收费的，它相比免费版本功能会多一些，只是会有时长或权限方面的限制。企业需要将重心放到试用组别中用户的行为轨迹中，并通过数据的追踪、分析提炼出该组别用户最常使用的功能，这样才能使企业更了解用户的需求方向，而后才能以此为依据来推动用户高效转化。

至于付费用户，则是企业需要重点关注的"上帝"，通常像腾讯企点这种办公类产品在购买时都要以年为单位，而这意味着付费用户对产品的需求度较强，如果能够管理到位的话或许能够开发出更大的价值。如果产品本身在付费版本上又划分为不同的价位，那企业还需对用户群体进行更细致的划分，而最高付费档的用户毫无疑问是企业数据监测、分析的核心，企业在面向此类用户时需要对其展开更为全面的分析。

6.5.2 使用状态

用户使用状态可以细分为用户使用产品或服务的时长，以及用户产生某种行为的频率，如登录产品、使用功能等。因为不同的产品性质也不一样，像微信、微博这种以社交通信为主的产品可能对产品使用时长与使用频率都很看重；而翻译类 App 可能只在用户需要的时候才会被点开，因此其会更重视用户使用产品的频率。

在这里，企业必须根据产品的业务内容去划分用户群体，我们可以借抖音这款短视频 App 来举个例子：抖音如果想要不断提高自己的商业价值，就要让用户黏性不断增强，而这里的主要反映指标就是用户使用抖音 App 的时长。我们可以根据用户的"上瘾"状态，以具体时长为依据来将其分为轻度、中度、重度三个组别。

轻度组别中的用户对抖音的兴趣度还不够浓厚，或是因个人工作原因无法长时间刷抖音，如果不能对其进行良好的引导，那其流失概率会很高。对于这类用户，抖音人员除了要借助智能算法分析其可能会喜欢的视频，还需通过各种渠道分析导致其流失的原因。目前，抖音吸引用户的重心虽然仍放在短视频上，但各种趣味十足的挑战活动也在频繁开启，目的就是留住更多对产品依赖性还不是很强的普通用户。

而中度、重度这两个组别中的用户黏性明显要比轻度高很多，不过抖音依然不能疏忽这些使用时长达标甚至超标的用户，可以尝试着将用户从普通浏览者的身份转化为内容创作者。当用户完成身份的转化之后，其整体的活跃度就会变得更强，所以抖音还需透过用户数据不断为其更新推荐的视频，这样才能一步步猜准用户的喜好变化，而不是长期推送某固定标签视频。

6.5.3 用户偏好

有些企业提供的产品、服务有很多类型，基于这种情况进行的用户分群工作会更加顺利，即按照用户偏好去划分人群。就拿小米来说，有些用户就是忠实的小米手机支持者，还有些用户对小米的主打产品手机并不感兴趣，而是更看重小米研发的智能家电。这样一来，小米就可以根据用户对产品的偏好将其正确分群。当然也有很多用户会同时购买小米不同类型的产品，该类用户又可以按照付费情况去归类。总之，在对待用户分群的问题时，可以灵活一些，不要牢牢地抓着一个标签不放。

在了解了用户的偏好之后，企业就可以结合特定组别用户的偏好来展开数据分析，比方说购买口红的用户年龄多集中于哪个层次，在购买口红时在意价格还是在意包装、质地等。了解用户偏好只是走近用户的基础，用好数据才能更深入其内心，有利于企业为其提供更加个性化的服务。

上述提到的只是几种比较常见的用户分群依据，事实上企业完全可以根据内部业务情况与产品属性去划分人群，但要注意每一个分群都要有数据分析的价值。比方说某些大众化的产品如抽纸、口罩等，按照性别进行用户分群的意义就不是很大，而且这种过度细化的分群方法，只会增加相关人员的工作难度，因此，在分群时要明确分群依据与业务性质是否相符，分群后用户的差异化特征是否明显等重要问题。

6.6 【案例】：某游戏类 App 营销优化过程中对漏斗模型的应用

关于漏斗模型的重要性，我们已经在前文进行了详细解读。漏斗模型就像一位贴心的管家，能够帮助企业将用户一个个领进门，并且能够为其提供正确的服务，而后用户便会用行动给予相应的反馈。但是，这位"管家"可不是人工智能机器人，企业要对其进行良好应用才能驱使其将本职工作做好，进而获得更多流量资源。下面我们就以某游戏类 App 为例，来分析一下其在营销优化过程中对漏斗模型的具体应用。

先来简单了解一下这款游戏类 App 的背景：这是一款卡牌类游戏，主要玩法就是玩家通过各种形式获取卡牌，而后利用自己手中的卡牌匹配对手进行对战。这款 App 经过两轮测试之后，于某日正式上线，而漏斗模型的存在感也从这一刻起越来越强烈。我们可以梳理一下该款 App 漏斗模型的运行阶段，如图 6-6 所示。

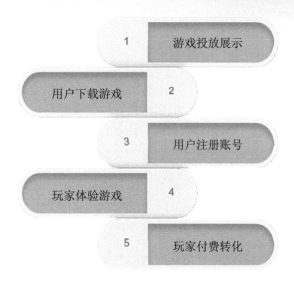

图 6-6　游戏 App 漏斗模型的运行阶段

6.6.1　游戏投放展示

　　游戏的投放展示通常会被放到漏斗模型最上层的位置，虽然该款游戏 App 已经参与了两轮测试，但一方面参与测试的用户数量有限，且并不是每个测试用户都会时刻关注这个游戏，并自发寻找游戏的正式下载渠道；另一方面游戏正式上线后需要面向更大的用户群体，而并非仅仅是测试用户，因此前期的宣传预热是非常重要的。

　　漏斗模型中最终能有多少用户走到最后一个阶段，还要看漏斗模型最上层的开口有多大。虽然在漏斗模型的运行过程中必然会有用户被过滤出去，但初期放入 10000名用户与放入 1000 名用户的过滤结果肯定是不一样的。因此，营销人员要抓住游戏刚上线时热度较高的时机，最大限度地提高游戏 App 的展示量，让更多人注意到这款游戏的发布，这样才能为之后的转化争取机会。

　　在初始运行阶段，负责 App 的团队应做好人员分工，须有成员及时收集各个投放渠道的数据，还要有人做好对接工作，对这些数据进行整理与分析。哪个渠道的热度最高？哪个渠道的浏览量过少？团队成员只有将这些基础问题搞清楚，才能将那些有价值的渠道提炼出来，而后将这些渠道列入可重点关注的队伍中，再将那些效果较差的渠道剔除出列或进行小幅度的优化。

6.6.2　用户下载游戏

渠道的布置只是为了让更多用户能够注意到这款新游戏，所以上一个阶段的数据分析重点在于渠道展示量，而下一个阶段则是游戏的下载量。用户仅仅看到游戏还不够，点进去浏览游戏的简介、图片等也只是一个转化预兆，但并不意味着用户一定会下载游戏。在这里，营销团队需要跟踪用户的具体行为，再对其进行分群处理，还要找到游戏宣传内容中存在的一些问题。

有些用户虽然浏览了游戏，但是浏览时间比较短，可能只是看了几秒便离开了游戏的下载页面。会出现这种情况，多是因为用户属性、偏好与游戏类型不符，或是游戏的简介对用户吸引力不大。还有一些用户浏览游戏内容的时间较长，然而最终依然没能过渡到下一个阶段，这种用户通常是游戏的目标人群，转化潜力比较大，若是具有这种行为特征的用户所占比例较高，那 App 的团队成员就要思考一下宣传内容是否存在不足之处了。

一般游戏的宣传都是图文、视频形式，而那些质量较差的文案很难让用户在短时间内找到游戏的独特优势，如崭新的卡牌玩法、精美的卡面等。游戏简介不是将详细的游戏操作都放进去，而是力图在第一时间吸引用户的注意力、展示游戏闪光点。因此，如果用户下载游戏的数据不是很理想，那么团队就要加快速度优化游戏的宣传内容——很多游戏在这里会用新玩家福利来吸引用户下载。

6.6.3　用户注册账号

当用户成功下载并安装了游戏之后，就会进入注册账号的环节了，只有成功完成注册行为的用户，才能将身份从普通用户转化为游戏玩家。正常情况下，既然用户已经下载了游戏，就不会在注册账号这个环节有太多的犹豫，但常规的数据分析工作还是不能忽视的。

当团队发现了有未能成功注册账号的用户后，便要立刻寻找相应的原因，因为这个阶段按道理应该是用户流失率最低的，所以团队要做的就是尽可能推动每一个用户都能顺利进入下一阶段。什么情况下才会导致用户注册账号失败？比较常见的原因是用户自身的网速较差，所以导致其难以顺利注册账号。此外，还有一个原因就是游戏刚开服时比较火爆，需要排队进入后才能注册账号，像这种顺序设置就是比较不合理的，失去耐心的用户很容易直接离开。

6.6.4 玩家体验游戏

卡牌类游戏的玩法相对来说比较复杂，如果是有经验的玩家，那适应游戏的速度应该会比较快，但此前从未接触过该类型游戏的新玩家可能会在体验游戏的过程中遇到一些阻碍。这一体验游戏的阶段对团队而言是至关重要的，特别是对刚开始正式运营的游戏，前期是否能够稳定留住玩家，将会对游戏的生命周期造成较大影响。

因此，在漏斗模型的这一关键阶段，游戏 App 的团队要时刻关注玩家动向，高频采集玩家数据，这样才能及时了解玩家对游戏的评价以及体验过程中遇到的问题。作为一款游戏类 App，团队应重点关注玩家的游戏时长、在线人数、每周登录游戏的次数等行为数据，这样才能大致评估出游戏当前的运营效果。

如果玩家的大多数行为数据都不是很理想，且流失情况比较严重，那游戏团队就要尽快找到问题所在并进行高效解决。尤其是那些刚体验游戏没多久就走掉的玩家，可能是因为在游戏内没有得到合适的引导，或是因为玩法太过烦琐、界面不够美观。团队首先要找到那些比较集中的问题并对其进行优化；其次要适时根据用户的状态提供相应帮助，如提供专属客服、进行问卷调查等。

总之，在这个阶段一定不能无视用户的问题，否则会使游戏的热度不断下降。

6.6.5 玩家付费转化

目前，大多数游戏类 App 都是内置付费项目的模式，玩家可以自行选择购买与否，这款卡牌类游戏也不例外。作为营销团队，自然希望游戏能够带来更多的收益，但从普通玩家转化为付费玩家很难，想要使玩家的付费行为变频繁、付费金额提高更难。站在玩家的角度，其产生付费冲动是因为对游戏有需求，如希望通过付费使自己的卡牌配置更强，或只是单纯希望提高游戏内的图鉴收集度而已。

但无论如何，团队都不能以过于强硬的手段去"逼迫"玩家付费，这样只会使原本还在犹豫是否要付费的玩家产生反感情绪。推动玩家付费转化的常见手段包括新玩家福利优惠、累计付费到达指定指标发放额外奖励、按照玩家付费情况进行等级划分等。团队要做的就是在提高付费玩家体验感的同时，也不忽视普通玩家的游戏体验感，毕竟转化这件事不能太着急，要给予普通玩家足够的时间与令人满意的服务，以推动其完成转化。

在这个重要的阶段，团队要做好数据监测工作，并要着重观察那些付费玩家的行为数据，当其出现流失特征(如登录频率下降、付费金额减少)时，团队就要立刻对其引起重视。想要用好漏斗模型使其发挥作用，团队成员就要将每一个阶段的工作都做到位，这样才能使游戏拥有更多的忠实玩家，而不是在前几个阶段玩家就已经消失得差不多了。

第 7 章

数据解读：
时刻谨记数据背后是"人的需求"

数据解读会从更深入的角度切入，在对待数据时也不像数据分析那样过于依赖系统工具，而是更注重对受众群体需求的剖析。在正式解读数据之前，需要先将数据噪声处理到位，否则很容易出现差异较大的结论。此外，在遇到异常数据的时候，也不要直接将其剔除，有时候异常也是新机会的提示，要及时抓住。

7.1　丐词魔术：千万不能用证明想法的眼光看待数据

丐词魔术是什么意思？我们可以先通过一个例子来对其进行简单介绍。假如你的朋友小王某天问了你这样一个问题：你觉得我们班的小 A 和小 B 谁能成为班长？无论你的答案是谁，都已经进入了小王的逻辑圈子里，而直接忽略了其他可能出现的答案。小王在提问时已经有了自己的判断，而你的回答只是在验证他的判断，然而小王的判断是否正确并没有绝对合理的依据，你们的对话只是在围绕着尚未得到证实的论据展开的。

当然，在日常生活中可能有很多人都会不自觉地陷入丐词魔术这一不科学的逻辑思维中，如"我觉得天堂和地狱肯定是存在的"这句话，有很多人会在闲谈时说起。但是，现阶段没有人能拿出真实的、有说服力的数据去证明这个观点是正确的，所以这个观点的真实性无从确定。生活场景中的闲谈出现丐词魔术的问题倒是不算什么大事，然而其如果出现在与数据有关的场景中，那问题可就相当严重了。

举个例子，在企业举办的"双十一"活动结束之后，某些人想当然地认为在"双十一"购物狂欢节的热度加持下，企业运营的网店战绩肯定会很不错。于是其在解读数据的时候，便会带着这种先入为主的思想去看待数据，可能会刻意忽视那些不是很理想的数据，将大部分精力都放在提炼达标数据的工作上。带着这种不客观的眼光，数据的解读只会频频出错，即便网店的战绩还算正常，也依然可能存在一些问题，而这种为了证明数据好坏而解读数据的做法只会为企业带来更大的风险。

另外，目前还有一个比较普遍的现象，即企业在做市场调研的时候，并不是为了采集数据样本去做分析，而是为了证明自己的某个想法是正确的。比方说某企业委托其他机构去做市场调研，想要看一看某产品消费者的反馈情况，这时非专业或想偷懒的机构根本就不会认真去做调研，而是直接找那些对产品满意度比较高的消费者，或是找其他人伪装一下。这样一来，企业得到的调研报告就会非常"漂亮"，即报告中的各项数据都能体现出消费者对产品的满意，但这真的是企业需要的吗？

当企业带着想要证明数据的想法去解读数据时，就已经迈出了错误的一步。就像我们在初次见到某人时，如果第一眼觉得对方的谈吐方式或形象等不是很好，那么可能在心中就会对其存在偏见，之后再提到这个人的时候，即便嘴上不说，心中也会将其向坏的地方去想。这种偏见比较强的时候，明明这个人做了一些好事，可能有些人还是会寻找各种鸡毛蒜皮的细节问题，就是为了证明"这个人是不好的"。

因此，无论从哪个角度看都要尽量避免让自己陷入丐词魔术的思维怪圈中，要用数据去验证你的想法，而不是让数据去反过来适应你的证明。为了让数据的解读更加合理，相关人员在工作时需要遵循下述原则，如图 7-1 所示。

图 7-1　避免出现丐词魔术情况的数据解读原则

7.1.1　保持客观态度

带有先入为主的证明思维，是解读数据时出现问题的主要原因之一。在数据领域，大多数情况下都要按照数据解读的步骤一步步推进，这样得到的结果才具备参考价值。当然，人与机器不同，每个人在解读数据之前可能都会有一些自己的想法，只要这种想法不会对数据的解读造成明显影响，其实无伤大雅。

就像某人在拿到当月的工资核算表之前，自信满满地认为自己的工资肯定能够达到某个等级，这是一种比较主观的想法，但也是允许存在的。只是在拿到核算表之后，如果当月工资与自己理想中的数额有出入，那他也不能为了证明自己此前的判断而蛮横要求企业为其调整工资数值，但他可以根据具体明细去核对自己的工资究竟是否合理，是否存在问题。

7.1.2　适当发出质疑

我们在上面也提到了，保持客观态度其实并不容易，有时候并不是数据解读者故意带着主观论证的态度去解读数据，只是不自觉就进入了逻辑怪圈，而自己却毫无察觉。在这种情况下，最好的方法就是借助团队的力量，而不是每次都只听取一个人的想法与结论。大家一起讨论才能使数据解读的过程与结果更加科学化、合理化。

在集体交流的过程中，肯定会有一些质疑的声音出现，但只要其质疑的角度是合理的，就要允许它的存在。但允许其存在不代表要将所有质疑的内容无条件接受，这就陷入另一个错误的逻辑怪圈中了。数据解读既不是一言堂，也不是理论的证明课堂，要明确这一点才行。

7.1.3　学会接受现实

很多企业之所以不能调整好心态去对待数据，主要是因为不能理性接受现实，尤其是在数据与理想差距过大的情况下。还是拿"双十一"活动来举例，"双十一"对每个商家来说都是十分重要的日子，很多人会提前很久做准备活动，就是为了能够在"双十一"取得一个好成绩。但是，当其带着期待的心理去分析、解读数据的时候，发现数据并没有想象的那么好，很多漂亮的数字都来源于用户的点击、浏览，真正的转化却不多。当企业通过解读数据发现这一情况的时候，要做的就是对本次活动进行复盘，反思一下转化率不理想的原因，而不是为自己找各种借口，固执地认为是数据采集环节出现了问题。

不正确的思维态度会陷入丐词魔术的怪圈中，有时候自以为正确的判断只会使问题越攒越多，学会接受现实才能使数据的解读更客观。当某人带有个人主观判断、用证明思维去解读数据的时候，即便确实能够与数据的解读结果相契合，这种解读方法也不提倡。毕竟在大部分情况下，这种思维都会使数据的解读方向出现偏差。

7.2　数据噪声：为何同一组数据会得出完全不同的结论

　　何谓数据噪声？我们可以先将"噪声"这个关键词提炼出来，在日常生活中，噪声的主要体现是各种交通工具或工业设备运行起来时发出的声音，当其超过人们能承受的正常分贝时，甚至会直接危害人们的生命安全。因此，人们一般会为噪声贴上令人烦躁的、不被需要的标签。那么，如果将数据同噪声结合在一起呢？

　　数据噪声通常指那些有错误、有问题的数据，这些数据的存在对那些负责分析、解读数据的企业人员而言，通常会影响其正常的数据解读进度，还会影响其解读数据的效果。有时候，即便是同一组数据也会得出完全不同的结论。这里要提到一点，即要注意噪声数据与正常数据的区别，有时候明明是同一组营销数据，也会有不同的解读，主要原因是用户的行为属性各有不同，需要结合用户的情况来进行详细剖析。不过，这也只是初步的判断，如果想要下定论还要同用户进行深入沟通。

　　之所以会产生数据噪声，有很大一部分原因是数据本身就有错误，这一点在通过问卷调查的形式采集数据时尤为明显。还有一点就是在为数据做标记的时候出现了问题。比方说某企业的人员管理制度是入职满两个月即可转正，然而明明 A 和 B 两人同时入职，入职时间已满两个月且双方均无不良表现，相关人员在为 A 做标记时打上了"可转正"的标签，而 B 却依然维持着"待转正"的状态，数据噪声由此产生。

　　当同一组数据得出了完全不同的结论时，必然会对数据解读造成不良影响。那么，该如何处理这些噪声数据呢？具体可以参考下述方法，如图 7-2 所示。

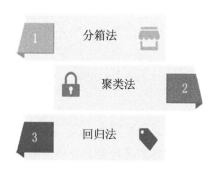

图 7-2　处理噪声数据的方法

7.2.1　分箱法

分箱法处理噪声数据的效果通常很好，且操作起来难度不大，可以处理一些不是很复杂的噪声情况。在这里，我们可以将这种方法简单理解为将数据按照一定规律放到不同的"箱子"里，而后再分别对这些箱子里面的数据进行相应处理。因此，分箱法的重点一般在于如何合理分箱及降噪。常见的处理方法主要包括等深分箱法、等宽分箱法以及自定义分箱法。

首先来解释分箱法中关于深度和宽度的概念，箱子的深度代表箱子里装的数据的数量，每个箱子中的数量是相等的，而箱子的宽度代表的是箱子中数据的取值区间。举个例子，如果将 200、500、1000、1300、1700、1900、2000、2200、2800 这几个数字按照由小到大的顺序排好，那么按照自定义分箱法，就可以对这些数值进行有规律的划分，如以 1000 的倍数为划分依据，就可以分出下述几个箱子。

箱 1：200、500、1000；

箱 2：1300、1700、1900、2000；

箱 3：2200、2800。

分箱工作做完之后，还需要对这些箱子中的数据进行平滑处理，具体可以细分为按平均值、中值、边界值平滑。通过采取不同的平滑方法来获得最终的平滑数据，就可以降低噪声数据对抽样数据的影响。

7.2.2　聚类法

聚类法，顾名思义，即将具有相似指标特征的样本归于一类，而后按照这个规律继续对样本进行聚类分析，直到所有样本都能找到自己的组织。那些被孤立出来的、没有找到自己所属分类的离群样本，就可以被贴上噪声数据的标签了，然后相关人员还要对其进行更深入的分析，来决定其最终的归属问题。聚类法很适合检测这些处于异常状态的数据指标。

7.2.3　回归法

应用回归法的关键在于研究自变量与因变量这两大变量之间的关系及变化，在此过程中需要建立相关的回归模型，来寻找能够起到降噪效果的函数。要想用好回归法，须具备基础的统计学知识，这样才能熟练运用回归法达成降噪的目的，而这也说明了统计学在大数据营销场景中的重要性。

噪声数据是一个比较棘手的存在，无论内部人员打算如何处理它，都必须用科学、合理的方法，不要将所有出现异常的数据都认成噪声数据，也不要对真正的噪声数据置之不理。噪声数据处理不当，数据的解读将会出现比较严重的问题。

7.3　解读方式：正确解读营销大数据 4 步走

解读数据就像组装某个机器的零件一样，不能毫无规则地胡乱拼凑，这样勉强组装出来的机器根本就无法投入使用，因为其内部还存在许多问题。同样，企业在解读营销大数据的时候，也需要掌握相应的方法，否则被解读出来的数据只是一个没有价值的数字，将其应用到重要的营销项目中必会影响企业发展。

企业首先要想明白自己解读营销数据的目的是什么，而不是头脑一片空白地去"解读"数据(严格来说，这甚至并不能被归入到真正的解读领域中)。这就好比心理医生接待患者的时候，肯定不是单纯为了和患者聊天、让患者多说话才会去同对方沟通，而是为了从这些交流中获取有价值的信息，这样才能更了解患者的真实想法。

如果只是想要解读后的数字或文字结论，而忽视了解读数据真正的意义，即利用数据去读懂目标用户，那解读结束后得到的数字再多，也终归是无用的，甚至成为一种错误的引导。为了能够高效解读营销数据及隐藏在数据背后的用户心理，企业就要掌握正确的解读方法，具体内容如图 7-3 所示。

图 7-3　正确解读营销数据的方法

7.3.1　拒绝主观想法影响

解读营销数据的重心应该是用户，而不是靠自己的主观想法去揣摩用户。举个例子，有时候某游戏的策划可能觉得某个角色数值的调整是合情合理的，但在玩家看来却是完全不可接受的。这个时候，如果策划继续用自己的想法去解读玩家的心理，只会将双方的矛盾进一步激化，因为两边都觉得自己是占理的一方。如果这是一款自娱自乐、不服务于任何人的游戏，那策划完全可以尽情按照自己的想法去优化游戏，然而事实是投放到市场中的游戏必须接受玩家的审视与反馈，过于自我只会使游戏的生命周期迅速缩短。

不过，这并不意味着策划要无条件听从所有玩家的建议，并一一将其实现。首先，策划的专业度通常比大部分玩家要高，其看待游戏的视角会更加全面，所以很多时候策划对游戏的整改方向其实是没有问题的。其次，策划不能全盘接受玩家意见，与策划透过营销数据去解读玩家的心里想法并不冲突。

有时玩家会提出一些反对想法，可能是因为自己的利益受到了损害，或只是单纯不理解为什么要改动。这个时候，策划要做的不是将自己的主观想法强加给玩家，而是要捕捉玩家出现不满情绪的原因，然后才能更好地同玩家交流，为对方解答疑惑。

这只是一个游戏策划解读营销数据时的常见场景，当企业面向更大的用户群体时，遇到的问题与需要解读的数据量会更多，但无论如何都要记住，不要让自己的主观想法、判断过于强烈。

7.3.2 透过数据解读用户

很多研发游戏类 App 的企业都会非常重视搭建与玩家的沟通渠道，当前市场中比较热门的几款手游几乎都在微博开设了玩家专用的反馈渠道，而且会定时以问卷调查的形式来收集大量用户数据。但就问卷调查这一常见的数据采集方法来说，很多企业虽然能够得到较多数据样本，却并不能对其进行正确的解读与利用。

为什么会出现这种情况？一来是因为许多人在解读问卷调查内容的时候，会将自己的主观想法加进去，而不是站在用户的立场去思考问题，这样的解读等同于将自己放到了圆心处，而用户处于圆心的外围；二来虽然问卷调查的问题都是一样的，但用户的答案却会因为个人属性、偏好的不同而出现不一样的意义。在这种情况下，即便某些用户的答案是相同的，如果数据解读者没有深入剖析，而是对其一概而论的话，也很容易出现解读错误的情况。

举个例子，某个以打卡背单词为主要职能的 App 对用户做了一次问卷调查，有几名用户在"对 App 还有什么建议？"一栏里同时填写了"效率太低"这句话。虽然这是同一句话，但每个用户要表达的想法可能全然不同。比方说，用户 A 可能想要表达此 App 的单词记忆功能做得不好，而用户 B 会写下这个建议则是因为此 App 没有提醒功能，导致其常常会忘记打卡。

团队成员在研究用户给出的信息时，需要结合其他的用户数据去解读，不要被自己的主观思维左右，先入为主的后果就是会错误归因。

7.3.3 深入接触验证想法

还是以上述提到的背单词 App 为例，虽然就同一个答案或许可以结合用户数据找到不同的解读方向，但这也只是基于推测，而没有绝对属实的论证。比方说有时候用户因为想要快点拿到问卷奖励而随便选一些选项，这种数据对企业而言就是无效的。

因此，为了验证自己的解读内容，相关人员通常要以面谈或电话等形式同用户进行更加深入的对话。

在游戏领域中进行这种电话回访的沟通形式比较常见，不过并不是每个玩家都会有机会与运营方进行电话交流，一般那些对游戏贡献较大、在问卷中提到了较多问题的付费玩家有比较大的概率会接到电话。通过与目标用户的直接沟通，企业这边可以了解到更多精准的信息，以此来提高数据解读的精准度。另外，无论通过什么形式同用户对话，都要记得抓住沟通的技巧，不要进行无意义、低效率的对话，作为经验更丰富一些的专业人员，要学会引导用户去进行更流畅、更准确的表达。

7.3.4　尝试拼凑数据链条

首先采集用户数据，再通过数据揣摩用户的心理，然后通过进一步接触更深入地了解用户的想法，这一系列行为就是保持着稳定的节奏，一步步靠近用户。在这个过程中，许多有效数据都需要拼凑起来进行解读，单独的数据只能作为参考，而不能将其作为下结论的依据。很多数据如果不能组合到一起，那么在解读过程中就很容易走弯路。

综上所述，企业内部团队在解读营销数据的过程中，要明确自己面向的对象是目标用户群，而不是毫无温度的数字。只有努力地透过数据去看清藏在数字中的用户形象，才能更精准地触及对方。

7.4　洞察问题：异常数据中往往蕴藏着新机会

解读数据并不是一件很快就能做完的事情，通常与数据量的多少有一定的关系，但这并不是数据解读过程中的唯一阻碍。事实上，解读数据这件事相当枯燥，虽然其中也会涉及一些与用户直接交流的环节，但总体来说，大部分时间还是会被各种类型的营销数据占据。面对这些数据，有时会出现解读方向出现偏差的情况，有时还会遇到一些异常数据。下面着重介绍一下异常数据的表现及其背后的意义。

首先，异常数据是比较容易被发现的，就像股票的猛涨、猛跌一样，完全可以在第一时间看出来。其次，这些数据从表面来看是不正常的，会影响正常的数据解读效果，但如果深入分析的话，就能看到这些异常数据所具备的价值。不要将异常数据直接打入垃圾数据的阵营，二者虽然都偏离了正常数据的范围，但异常数据还是有探索价值的。

举个例子，某营销人员在归纳网店近一周的营销数据时，发现自 5 号开始销售额下降得非常厉害，而网店在这段时间并没有做出任何违规行为。在这种情况下，营销人员就可以将突然大幅度下滑的销售额放到异常数据的队列中了。为什么网店的销售额会有如此显著的变化？剧烈下降的原因又是什么？

营销人员可以先观察这一周特别是 5 号左右的流量数据，看一看网店的用户流量是否也出现了异常反应，如果是，那就可以沿着这条线索继续追踪；如果用户流量没问题，营销人员还可以看一看是不是店内出现了异常商品(具体指那些具备流量下跌趋势较猛烈、跳出率较高等特征的商品)。这些商品本身就有问题，会直接影响网店的权重与流量。

总之，在发现异常数据的时候，除了要第一时间检查一下是不是客观因素(如系统出问题、录入有错误)造成的，还要对其展开全面的分析。不能在什么都没做的情况下就直接将异常数据判定为垃圾数据，这样可能会错失许多原本可以抓住的新机会。在营销场景中，大部分异常数据都是有效的，即虽然营销人员看到数据时可能会感觉很诧异，认为这种异常数值不符合常理，但异常原因往往是有据可循的。

在《蜡笔小新》这部动漫中，有一集的剧情是这样的：小新同妈妈来到一家咖啡厅，咖啡厅的老板对制作咖啡这件事有着很高的热情，因此不断向妈妈推荐店内的咖啡。虽然妈妈对咖啡的评价很高，但小新对咖啡并不感兴趣，而是表示肚子很饿，想要吃一些饭。无奈之下，餐厅老板只能亲自下厨做了一份炒饭给小新，小新品尝过后也用言行举止表达了这份炒饭的美味。

而后又陆续进来了几名顾客，都表示自己也想要一份炒饭，抱着"顾客大于一切"想法的老板只能暂时抛开咖啡继续做炒饭，不承想这几位顾客对炒饭赞不绝口，并说出了"顺带给我一杯咖啡"的需求。炒饭的需求量比咖啡大，这在一家咖啡厅内是非常明显的异常现象，然而看到结局时，我们会发现这家"咖啡厅"已经完全变成了以炒饭为主、咖啡为辅的模式，老板凭借炒饭也将生意做得格外火爆。

虽然这只是动漫中的一个虚构场景，但也能够体现出异常情况中隐藏着的机会。

在某个以家具为主的商场中，管理人员在汇总了近期商场的营业数据之后，意外发现服装类商品的销售额较之前高了许多。按照常理，销售额中家具所占比例应该是最高的，而服装的比例在这一时间段内却迅速增长。看到了该异常数据之后，管理人员认为这会影响商场的正常经营环境，于是便开始通过各种方法刻意降低服装在商场内的存在感。

经过一番"努力"过后，商场的经营数据确实正常了许多，然而这对商场而言真的是一件好事吗？宜家家居(IKEA)在本质上也是一家家具商场，但其内部的餐厅名气也非常高，甚至有人前往宜家就是为了吃饭，而不是为了买家具。如果宜家也像上述案例中的商场一样，因此而缩小餐厅的规模，那从长远角度来看并不利于宜家的发展；相反，宜家在通过所谓的"异常"数据感受到了人们对餐厅美食的喜爱之后，顺势抓住机会，进一步推动了宜家的成长。

在通过解读异常数据洞察问题、寻找机会的时候，需要注意下述事项，如图 7-4 所示。

图 7-4　解读异常数据时的注意事项

7.4.1　不要抵触异常数据

在看到异常数据的时候，很多人的第一反应就是"怎么会出现异常数据""不希望看到这种数据"，随之而来的就是浓烈的抵触情绪。这其实也是一种正常的反应，但是在正式开始解读异常数据的时候，就必须调整好自己的心态了。

另外还有一部分人，在看到异常数据时除了抵触心理，还会有一些逃避情绪，甚至都进入不到解读数据的流程中，只是对其避而不谈或只是草率分析一下。这样做会对企业之后开展的营销活动造成较大影响，因为异常数据可能蕴藏着新机会，也有可能为企业提供新的引导方向。如果不能将其处理好的话，有很大概率会使企业失去原本可以上升的空间。

7.4.2　不要轻易做出判断

要注意的是，我们在提及上一点的时候，对异常数据用了很多的"可能"，而不是说异常数据必然有可供挖掘的新机会。蕴藏着机会的异常数据在营销场景中占多数，但并不排除有些异常数据就是有害的，解读异常数据时既不能一味抵触所有异常数据，也不能认为但凡出现异常数据就能发现机会。总之，不要轻易做出判断、给定结论，无论异常数据是好是坏，都要经过严谨、客观的分析才行。

7.4.3　尝试征求他人意见

解读异常数据本身比解读正常营销数据的难度要高，且这些数据的特殊性又很明显，风险与机会共同存在。如果某个异常数据确实蕴藏着机会，但解读者没有采取正确的解读方式或是切入的角度太片面，就有可能导致这些具备应用价值的新机会只能继续埋藏着，不能被继续深入解读的异常数据也会被打上"无效数据"的标签丢到一旁。因此，这时候要尝试着征求他人的意见，看看其他成员是如何看待异常数据的，又有怎样的解读理念。不过，并不是所有人的意见都是正确的，还要注意保持头脑清醒，做好意见的鉴别与提炼。

有时候异常数据也能起到预警的作用，以异常的表现来吸引内部人员注意，如果顺利的话，内部人员就可以洞察到异常数据中存在的问题了。企业营销不怕有问题，换个角度想一想，完全没问题其实也是一种异常现象。

7.5　潜在需求：从营销数据中寻找用户潜在需求的方式

这个时代的企业之所以如此重视数据，原因有两点：其一，人们对数据有了更深入的认识，而不像过去只是单纯地将其当作一串串普通数字去对待；其二，在研究数据的时候，人们掌握的方法也更加多样化，能从数据中挖掘出更多的价值。现阶段，有越来越多的企业开始重视对营销数据的解读，在解读人员的眼中，其表面看上去是在注视着数据，实则是在透过数据寻找用户的潜在需求。

其实无论是过去还是现在，营销的整体目标方向都没有太大改变，即都是为了获得更多目标用户，使其能够做出特定行为，以此来带动企业的增长。虽然目标没有变化，两种营销模式下的目标达成效率却有着较大差异，大数据时代下企业对营销数据的解读会更加全面、精准。

像我们在前文曾经提到的"啤酒与尿布"这个经典案例，其能够成功的主要原因就是超市员工对营销数据的良好运用，是借助数据寻找商品之间的关联度，从而推测某特定群体的行为习惯，揣摩其潜在需求。下面我们就来了解一下从营销数据中寻找用户潜在需求的方式，如图 7-5 所示。

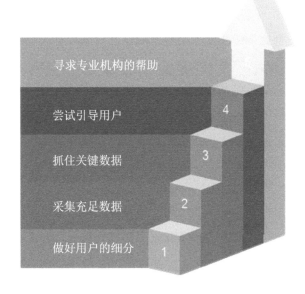

图 7-5　从营销数据中寻找用户潜在需求的方式

7.5.1　做好用户的细分

在通过营销数据寻找用户的潜在需求之前，首先要将用户细分工作做到位。即便某些企业还处于起步阶段，只专注于生产一款产品，也不代表这款产品面向的用户群体在属性、特征方面完全相同，而那些走多样化产品战略路线的企业则更需要将这项工作做好。如果没有进行合理的用户细分，那企业要面对的营销数据量可以说是相当庞大。即便不考虑工作量的问题，在没有细分用户的前提下，企业对营销数据的解读也很难有效果。

很多营销数据都是相同的，但数据背后的用户群体却不一样，企业要做的不是用多快的速度将这些数据解读完毕，而是要保证在解读每个数据的时候都能与相应的用户群体关联起来。在做好用户细分之后，再去从营销数据中寻找其潜在需求，就会更具针对性了。

7.5.2　采集充足数据

采集充足的数据是捕捉用户潜在需求的基础，还能检验用户细分的合理程度。如果营销数据量过少的话，要么说明数据采集环节出了问题，要么就是细分市场规模太小，不足以支持足量数据的采集。只有拥有充足的数据量，营销人员才能找到更多可供利用的线索。数据量太少很难从中揣摩出用户的潜在需求。

举个例子，企业在分析某访问网站的渠道细分市场时，如果数据量过少，就会出现对访问渠道价值误判的情况。通过样本数据，企业得出的结论可能是通过某搜索引擎转化而来的用户占多数，但实际上还有很大一部分用户是通过抖音链接来到企业网站中的。所以一定要明确自己的目标用户群是谁，而后要有针对性地采集数据，不要觉得靠某些局部数据就能够推断整体的潜在需求。况且用户的潜在需求挖掘难度本就不低，这种情况下还没有足量数据做辅助的话，即便得到了所谓的结论，应用起来也有很大的风险。

7.5.3　抓住关键数据

尽可能多地采集数据，只是为了使数据的解读可以更加精准，但并不意味着采集数据的环节可以毫无规划。同理，在经过了基础的数据清洗环节之后，解读数据时也要优先抓住那些关键数据，不要被重要程度一般的数据左右，要明确自己挖掘用户潜在需求时的重点在哪里。

就拿某餐厅来说，在餐厅负责人分析日常的营销数据时，其往往不会在意顾客的学历、职业，而是更重视顾客在早、中、晚三个时间段的点菜行为。如顾客在早晨可能会点一些口味清淡的食物，但也有用户喜欢在早晨吃一些像胡辣汤那样口味比较重的食物。因此，负责人一方面要注意别凭自己所谓的生活习惯去推测顾客，另一方面要注意优先提炼出那些点餐率比较高的食物，而后再根据这些食物去分析顾客的潜在需求。

举个例子，负责人发现早晨点豆浆、油条这种食物的人比较多，然而当时间过了用餐早高峰的时候，点餐率较高的食物又变成了馄饨、手抓饼这种需要耗费一定时间去等待的食物。基于这种情况，餐厅负责人就可以思考一下，选择豆浆、油条的人有多少是因为真心喜欢这种食物？还是说这些人是为了赶时间，只能选择这些出餐速度较快的早餐？

在捕捉到这一关键信息的时候，负责人便稍微调整了早餐的供应食品，又推出已经包装好的三明治，并且开通了自动结款的通道。而后，这家餐厅的三明治受到了顾客的热烈欢迎，很多过去为了赶时间而匆匆打包豆浆、油条的人都会随手买下用料更丰富的三明治。

将餐厅解读用户潜在需求的过程代入企业的营销场景中，其实也是一个道理，只有找到与企业业务相关度最高的核心数据，才能更高效地挖掘用户的潜在需求。

7.5.4 尝试引导用户

有时候，用户本身并没有意识到自己存在哪方面的需求，这时就需要企业对其进行有目的的引导了。引导用户的过程，其实也能够帮助企业检测营销数据分析结论的准确度。举个例子，有些小朋友在没有接触到那些好玩的玩具之前，对这些玩具可能没有什么明显需求。但当其感受到了这些玩具的乐趣之后，这种潜在需求就会完成转化，即变成现实的、可触达的需求。

通常引导用户也并非如此简单，因为这种引导需要用户的配合。引导者首先需要找准用户的需求方向，或者说要明确用户想要实现的愿望是什么。其次，引导用户的过程需要向"将愿望变成现实"的方向靠拢，当一个人有愿望时，确实意味着这是一个可以切入的营销点，但难点在于很多人并没有产生具体行为的打算。换句话说，这个愿望对用户的激励还不够大，就像生活中经常有人喊着"我要减肥"，却依然躺在床上懒洋洋的不想动一样。

寻找用户潜在需求的过程具有较强的不确定性，单靠数据与人工分析只能大致定位几个用户的潜在需求点，但是这些需求点是否具备实践价值却不得而知。因此，内部人员不仅要通过营销数据找到方向没有太大偏差的用户潜在需求，还要对其进行合理引导、培养，使这种需求能够变得更加明显，逐渐变成用户的行为习惯。

7.5.5   寻求专业机构的帮助

随着时代的发展，催生出许多新业务，与大数据有关的专业机构就是新业务领域中的一个重要构成。很多企业虽然在初期有着良好的发展势头，能够获得的数据量也不小，但却暂时不具备较为专业的数据分析能力，无法对这些数据进行合理应用。

在这种时候，企业可以尝试着向专业的数据分析机构寻求帮助，真正有能力的机构不在于分析数据的速度有多快，而在于其对待数据的态度有多严谨，透过数据寻找用户潜在需求的思维有多灵敏。不过，由于这个业务市场的商业价值较高，体量庞大，所以整体来说市场质量还有待考察，许多机构虽然在嘴上说得天花乱坠，实际的业务能力却一般，有的机构甚至在此前毫无数据解读的经验。如果想要找准用户潜在需求，就要多耗费一些时间去了解所选机构的可靠程度。

在生产力的推动下，很多消费者的需求呈现多样化，而且表露需求的形式也不再像过去那样直白，所以企业必须正视营销数据存在的意义。越能对这些数据进行深入、正确的解读，企业在制订下一步营销方案时的成功率就会越高。

7.6   【案例】：克里斯坦森：用户需要的是"雇用"产品去完成"任务"

克莱顿·克里斯坦森是哈佛商学院的教授，在早年的求学生涯中曾取得了经济学硕士学位，出任教授一职之后以讲解工商管理学、运营策略等方面的学科知识为主，而个人的研究也集中于创新、市场这些实践性较强的领域。克里斯坦森在个人作品中也发表了许多创新观念，其中有一条几乎对大部分企业而言都很重要：用户需要的是

"雇用"产品去完成"任务"。

这句话的主体有两个，分别是用户与产品。克里斯坦森对用户与产品之间的关系下了新的定义，强调用户在购买产品时需要的是让产品帮助其去完成某事，也就是他在观点中提到的"任务"。产品对用户的帮助越大，完成"任务"的效果越好，产品就能够为企业做出更多贡献，因为用户在获得了较好的使用体验感之后，对产品的好感度就会更强。

从表面来看，用户只是购买了一件产品，但事实上用户需要的是产品本身的功能，脱离了有效功能的产品将难以在市场中生存下去。很多企业只能获得短期的增长，却打不了长期的战争，原因是它忽略了产品使用价值，只是想方设法地推动用户付费促成交易，这是一种不健康的营销思维。

举个例子，在抖音短视频的影响下，市场中出现了大量的网红产品，美妆护肤、生活家居、休闲玩具等各个领域均有网红产品的存在。许多用户会在主播的煽动下头脑一热买下产品，在收到产品后却明显感觉到自己交了"智商税"，因为产品本身的使用价值并不达标。与主播相比，企业的行动受限程度会更大，因为其需要的是长期经营，而不是做成一笔买卖之后就立刻关门消失，所以其必须重视克里斯坦森提出的观点。

在传统的营销场景中，企业最关心的是如何刺激用户、完成转化，而克里斯坦森则表示用户使用产品的时刻更加重要。将产品替换为员工的话，如果你是一名中层管理者，你的手下同时管理着 A 和 B 两名员工， A 每次做事时不仅效率不高，且反复交代的事情也会频频出错；而 B 完成工作的效果要比 A 强很多，每次都能提前完成自己的任务，并且可以保证任务完成的质量。

在这种情况下，下次再有类似的任务时，你会更倾向于将任务交给谁？答案显而易见。当用户发现自己购买的产品不能很好地完成任务时，在下一次产生相同的问题、想要购买产品来解决问题时，便不会再考虑该款产品了，而是会转而尝试市场中具有相似功能的替代品。

在职场环境下，某员工如果第一次没有将任务做好，或许还会有第二次机会，但消费者在这方面的思维往往会简单许多：某款产品没能很好地完成任务，下次我就会购买其他产品。为了留住更多用户，获得更长久的盈利，企业只有不断提高产品完成任务的效果，才能在市场中拥有自己的优势，具体方法如图 7-6 所示。

图 7-6　提高"产品"完成"任务"的方法

7.6.1　抓住用户核心需求

一款产品的功能可以有很多个，但最具宣传价值的核心卖点只能有一个，而这个核心卖点通常是对应目标用户群体核心需求的。因此，能否抓住用户核心需求就成了很关键的问题。比方说某款眼影盘在造型上做得很漂亮，符合大部分女性消费者的审美，再配合着眼影盘上线后的一些营销活动，也取得了一个超出目标的销售成绩。然而，这款眼影在之后的销量却一路走低，而且连带着品牌的名声也受到了不好的影响，主要原因就是消费者普遍表示眼影的上色度不高，且飞粉严重。

美观的眼影盘外形确实可以吸引消费者，但这并不是消费者的核心需求，换句话说，消费者希望眼影盘完成的"任务"是让自己的妆感更精致，而眼影盘的造型只是促使其购买产品的因素之一，并不能构成产品的使用价值。因此，企业在研发产品时就要厘清这条线索，即用户真正需要的是什么，这里就要用到上一节提到的通过营销数据去寻找用户潜在需求的知识了。

7.6.2　找到正确的创新方向

克里斯坦森还强调了产品创新的重要性，只有不断创新的产品才能在市场中更长久地存活下来，但也不是所有的创新都有效。需要注意的是，究竟有无效果并不是企业说了算，而是要看目标用户的反应。有些企业在进行产品创新的工作时就走了歪路，明明"创新"之前产品完成任务的效果还算不错，经企业调整过后其质量却不升反降，这无疑会使用户产生不满。

只有找到正确的创新方向，才能强化产品的使用价值。在此过程中，如果没有特殊情况，产品的核心方向不能改变，只有沿着此方向持续更新，才能使产品展示出更强的生命力。产品的核心方向就是用户的主要需求方向，明确这一点可以使企业创新产品的效率变得更高，也能使其以更好的表现帮助用户完成任务。

7.6.3　数据配合做好调查

除了我们在上述提到的两点，还有很多探索、满足用户需求的方法，都离不开数据的配合。如果没有数据的参与，企业无论是想要了解用户购买产品的意愿，还是想要了解其在购买产品后的使用体验感与对产品的满意度，都将变得非常困难。数据有时候也可能会说谎，但不可否认的是，数据在这个时代还是必不可少的。

规模再大的企业也会有思虑不周的时候，不能方方面面照顾到每一个用户，尽管其也会很重视用户使用产品时的感想、使用过程中遇到的问题，但这些并不能全部通过文字表达出来。只有通过对数据的采集与解读，企业才能更了解产品在完成任务的过程中还有哪些需要改进的地方，进而为用户提供更好的服务。

7.6.4　重视用户情感需求

最后还要强调一点，企业不要被局限在传统产品功能的框架中，有时候来自用户的情感需求也是其购买产品的主要原因，这时候产品的情感属性就成为帮助用户完成任务的关键了。举个例子，目前市面上有很多恋爱类的手游，而这些手游的受众多为女性，很多用户玩这类游戏就是为了获得陪伴。越能满足玩家情感需求，使其能够将自己代入进去的游戏，就越受玩家欢迎，所以这类游戏的运营方通常非常重视对玩家反馈内容的收集，并会以较高频率统计相关的游戏数据。

总而言之，企业一定要明白产品背负的"使命"以及其在核心位置要完成的首要任务是什么，并要重视数据的存在价值，别让其白白浪费。

第 **8** 章

实战技法：
多类大数据营销手段实战演练

本章将就大数据营销场景中常出现的几种实战技法进行详细讲解，如需要划分好时间周期的事件营销、需要找准触点的关联营销、需要让粉丝深入参与其中的互动营销等。这些营销手段在互联网与大数据相结合的时代作用显著，不过前提是企业能够抓住核心，将其用对、用好。虽然这几类营销手段的应用方法与侧重点各有不同，但都能为企业带来一定的资源，对企业发展具有积极的推动作用。

8.1　事件营销：大数据与事件营销的前、中、后期

事件营销是互联网时代催生出的、具有较强实践意义的营销方式，那些早年就能在网上冲浪的用户应该对"贾君鹏"这个名字印象深刻。2009 年 7 月 16 日，一个原本应该是很普通的一天，名为"贾君鹏你妈妈喊你回家吃饭"的帖子却刷爆了贴吧，此后又有大量网友陆续注册了带有贾君鹏这个名字的 ID，这算是早期比较出名的事件营销案例。而在现阶段，许多企业也纷纷寄希望于事件营销，想要靠这种营销方式来获得更多的热度。

在互联网潮流的影响下，用户能够在网上看到的信息越来越多，无论是主动搜索还是被动接受，网络信息的繁杂性都是不可否认的。网络技术能做的只是为企业进行事件营销提供一个平台，却不能保证事件营销的效果。简单来说，事件营销就是企业抓住恰当时机有意去制造一些新闻事件，以此来实现自己的营销目的，如吸引更多人的视线或对品牌形象进行优化等。不过，想要做好事件营销，就需要把握好每一个时间节点，并做好与大数据之间的配合。

8.1.1　事件营销前期

事件营销前期阶段所做工作的质量，会直接决定本次事件营销的结果，只有少数情况下才会因为一些突发情况而出现变化。这意味着企业如果想要打造一次成功的事件营销，就必须重视营销活动正式开始前的准备、预热环节。在此阶段，企业需要借助大数据做好下述几件事，如图 8-1 所示。

1. 捕捉热点内容

事件营销具有较强的针对性，营销内容不能太过宽泛，要像优秀的猎手那样，追求一击必中的效果。那些成功的事件营销有点儿像在讲故事，能够将用户代入到故事场景中，并推动其做出相应行为，但这一切的前提是故事对用户具有足够的吸引力。如果只是干巴巴地讲一个故事，那事件营销甚至有可能都走不到中后期，所以这就要

求营销人员具备较强的热点捕获能力。利用大数据与智能工具，可以通过关键词去抓取热点，有针对性地将那些与企业业务方向相符的热点内容一网打尽。

图 8-1　事件营销前期要做的工作

2. 锁定营销对象

找到了可以"借题发挥"的热点内容后，企业就要锁定本次事件营销面向的对象，这些对象将是推动事件营销发展的主力。不过这里的难点并不是定位营销对象，而是如何借助大数据去剖析这些目标用户的行为习惯、基本属性，一般企业能够掌握的用户信息越多，事件营销的进行过程就会越顺利。营销人员需要全面采集与目标用户有关的数据，并根据这些数据做出分析，而后才能将分析后的结论应用到事件营销的后续工作中。

3. 寻找投放渠道

事件营销能否成功，一方面要看其是否能够及时捕捉到有价值的热点内容，另一方面则要看其能否找到合适的投放渠道。就拿电影来说，有很多电影虽然质量还不错，但宣传效果很差，所投放的几个渠道都掀不起什么水花，导致电影到最后也拿不到多高的票房。

许多以公益为主题的事件营销都会将投放渠道选在朋友圈与微博，而不是小红书、抖音等平台。因为这些平台的热度虽然也很高，却并不适合这种类型的事件营销。这里就要通过大数据得到的用户特征、行为习惯，营销人员需要按照这些信息线索去寻找目标对象的聚集地，同时要考虑活动能否在该渠道快速扩散。

8.1.2 事件营销中期

当做好前期的准备工作之后，事件营销就可以进入正式环节中了。在事件营销中期，没有意外的话营销活动会按照营销人员设定的过程正常推进，但这并不意味着营销人员要在此过程中成为彻彻底底的旁观者，其仍然需要使用大数据进行分析。大数据的运用主要体现在下述几个方面，如图 8-2 所示。

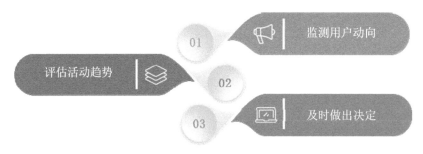

图 8-2　事件营销中期大数据的应用

1. 监测用户动向

如果将事件营销的投放渠道比作一个游乐场，那么营销对象就是游乐场中的游客。当游客去玩某个娱乐项目的时候，必须有相应的管理人员在一边监督，要随时注意游客的反应，而不是在游客进入园区后便任由其自由行动，完全不做任何监管。在这里，营销人员要注意监测用户的动向，并通过数据埋点等方式去采集用户的行为数据，这样才能更了解活动参与者的实际状态。

2. 评估活动趋势

通过对用户行为数据的采集，营销人员可以在事件营销进行的过程中大致评估活动趋势：效果不是很理想，热度迟迟无法提升；或是活动在顺利推进，事件被用户自发传播到了更多的地方。不要认为这是一件无意义的事，事件营销的热度涨幅越大、持续时间越长，对企业而言就越有利；但如果营销人员只是持观望态度，任其自由发展的话，蜡烛的火光可能很快就会熄灭。通过对大数据的采集与分析，营销人员可以更精准地抓住时机，进一步提高活动热度，或是在出现异常情况时及时止损。

3. 及时做出决定

当事件营销进行过程中遇到阻碍的时候，营销人员就应尽快做出决定，结合活动数据看一下是否还有继续下去的必要。事件营销本身的作用应该是美化品牌形象、带来更多转化，而不是反过来给品牌抹黑。当然，在事件营销热度持续发酵的时候，营销人员最好及时地再加一把火，这样才能使活动效果达到最优化。

8.1.3 　事件营销后期

事件营销后期基本宣告着营销活动的结束，但要注意，这只是本次营销事件的落幕，营销人员要做的工作还有很多。营销人员需要在事件营销收尾后对活动进行完整复盘，至少也要借助大数据将下述几点搞清楚：参与本次事件营销的人次有多少？这些人里有多少是具备转化潜力的？又有多少人成为活动的自发推广者？企业通过本次活动收获了什么？是转化、人气还是其他的资源？这些都只是最基础的问题，具体的还要结合实际营销内容与事件营销初期目标来分析。

从上述流程中，我们可以看到大数据几乎是贯穿了事件营销从开始到结束的全过程，每一个阶段都需要在大数据的帮助下才能运作起来。特别是事件营销的后期，对数据的总结分析是很有必要的。因为企业一般不会只做一次事件营销，之后可能还会有结合热点事件而推出的其他营销活动，所以每一次都要找到当前存在的问题，这样才能使下一次事件营销的效果更好。

8.2 　关联营销：提升关联成功率需在三大触点下足功夫

关联营销适用于电商群体，或是开设了网店的企业。虽然线下模式也可以用到关联营销的理念，但整体来说还是线上更适合一些，因为关联营销非常依赖对大数据的运用，而互联网能够让营销人员更高效地采集、使用大数据。那么，究竟什么才是关联营销？关联营销的成功率又该如何提升？在讲解关联营销的概念之前，我们可以先来看一个关联营销的成功事例。

　　某用户想要为自己买一条可以在初春时穿的裙子，于是来到了淘宝网中的某个女装店，并看中了一条蓝色的连衣裙。不过在卖家的展示图中，模特并没有单穿这条连衣裙，而是配上了一件看上去很淑女的针织衫。原本想要只买一条裙子的用户，在看到了卖家的搭配后，感觉有些心动，在其下拉详情页进度条的时候，正好看到了连衣裙关联推荐的针织衫购买页面。

　　将两件商品都放进购物车后，用户本打算就这样下单，却又看到了领取优惠券的内容栏，还差一点就能凑成满减。但再多买一件衣服的话，与用户的规划又不是很符合，正当用户犹豫之际，客服发来了一条消息："亲，本店的连衣裙也可以搭配这款项链哦，这也是咱家的畅销品呢～"点开客服发来的项链链接，用户发现加上这款用来做配饰的项链，正好达到了店铺的满减金额，于是便很开心地下单了。

　　在这个事例中，可以看到用户原本只是想买一条裙子，但最后在结账时却同时买下了裙子、针织衫及配饰。这就是关联营销的作用，对促进店铺转化大有帮助，并且能够提高其他商品的曝光率。目前，淘宝是支持商家自由设置关联商品的，然而仍然有很多商家抓不住要领，只是一味地凭着自己的直觉与喜好去做关联营销，往往不能打动店铺的来访者。下面我们就来分析一下提高关联营销成功率的几个必要触点，如图 8-3 所示。

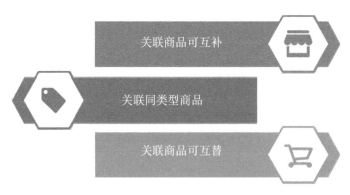

图 8-3　提高关联成功率的三大触点

8.2.1　关联商品可互补

　　将关联商品设置为互补关系，可以比较显著地提高关联营销的效果，因为互补商品本身就具备较强的销售潜力，就像用户在购买碗、盘子等餐具的时候，也会一并购买筷子、勺子一样。互补商品的关联营销效果一般是最好的，因为两种关联商品都能够满足用户的需求，能够最大限度地带动店铺的销售额。在利用互补商品进行关联营销时，网店人员可以参考下述几种组合。

1. 功能互补品

功能互补是最常见的互补品关联营销组合，如乒乓球和球拍、鼠标和键盘、手机和充电器等，这些都是组合营销效果比较好的功能型互补商品。

2. 需求互补品

需求互补品其实也有一些功能上的属性，不过更能满足人们多样化的需求，可以为用户提供更优质的营销服务。举个例子，某些用户希望早餐可以更丰富一些，所以在购买面包的同时，也会买一些牛奶做搭配。在这里，网店的营销人员可以为用户提供更多的组合套餐，如面包与酸奶、火腿等，这样可以使用户有更大的选择空间。

3. 混搭互补品

混搭互补品的应用比较灵活，可以参考麦当劳推出的一些套餐，最经典的套餐形式就是可乐、汉堡配薯条，而顾客在单点汉堡的时候，也会习惯性地配一杯可乐或是其他种类的饮料。这也是一种成功的混搭互补营销，只是网店的营销人员在关联营销这方面若没有太多经验，最好还是先从功能互补开始做起。

8.2.2　关联同类型商品

有很多网店在进行关联营销的时候，会犯这样一个错误：如果能够关联给用户更多不同类型的商品，那么用户购买商品的概率也会随之增加。这个营销理念乍一看似乎很有道理，但到了实际应用的时候，就会发现是行不通的。用户会点开某件商品，除了某些特殊原因(如为他人购买、误点进来)，一般都是因为用户对此类型商品感兴趣、有需求。

这就像某人明明喜欢的是 A 明星，而店铺却偏偏要关联 B 明星的周边商品一样，虽然也有可能会有关联销量，但从整体来看还是不适用的。另外，关联同类型商品也是有技巧的，并不是一股脑儿地将所有同类型商品都堆上去，让用户产生"找不同"的感觉。即便是同类型的关联商品，最好也要有细节上的不同。

比方说文具店就可以对钢笔进行同类型商品的关联，如笔杆是树脂材质的钢笔可以关联一下金属材质的钢笔，或是关联上墨方式存在区别的钢笔。总之，尽量避免关联商品类型差异过大，如将钢笔与抱枕关联到一起，就只会让用户产生莫名其妙的感觉。

8.2.3 关联商品可互替

除了互补商品，彼此是替代品关系的商品也可以用来做关联营销。举个例子，某店铺在为 V 领款的 T 恤进行替代品的关联设置时，就可以将圆领款的 T 恤放进去，或是将同色系但图案不同的 T 恤加进去。不过要注意，这些替代品在质量方面要保持一致，并且价格也不能相差太多，否则就无法构成相互替代的关系了。

从整体来看，比较占优势的还是互补商品，其他的关联营销组合虽然也能够带动店铺的转化，不过互补商品的存在感会更强一些。如果企业想要提高关联成功率，就要先着手于这三大触点，并要掌握每一类关联营销组合的特点，如互补类关联组合需要注重商品之间的搭配，而互替类关联组合则要保证商品款式的一致、商品价格的相近等。

如果营销人员能够将关联营销做好，店内的转化率就会有较为明显的改善。但关联营销只是一种促成交易的手段，不要借机去兜售那些质量不好的、积压在仓库里的商品，这样只会为店铺带来更大的风险。另外，关联营销如果能够与店内优惠活动相配合的话，效果会更好。企业也要重视对店内客服人员基本技能、职业话术的培训工作。很多时候用户在看到关联类商品时有点心动，但因为各方面的原因犹豫着是否要付费时，客服就可以成为推动用户付费的助力了。

8.3 互动营销：让粉丝不再旁观，而是深入参与其中

传统营销模式主要以企业的单方面输出为主，目标用户只是在被动接受，双方虽然是买卖关系，但营销互动感并不强，甚至近乎没有互动。而在现阶段的营销模式

中，用户不再是一个旁观者，而是真实参与到其中的主人公。虽然这种新型的互动营销模式与过去相比无疑会耗费企业更多精力，因为其需要考虑如何才能提高营销活动中双方的互动率，如何才能让这种互动可以形成转化，但事实证明互动营销确实更能吸引用户的注意力。

既然是互动营销，那么有无互动性必然是活动能否成功的关键。互联网环境下的互动营销能够为企业提供更多的便利，各种类型的 H5 互动页面频繁出现，我们可以借雪佛兰汽车与网易联合创作的 H5 互动营销广告来举个例子。

雪佛兰汽车与北宋时期的古代书画《千里江山图》看似毫无交集，放到一起却能产生奇妙又自然的时空交汇感(见图 8-4)。点开雪佛兰汽车发布的 H5 页面，你将成为雪佛兰的驾驶者，穿梭在以千里江山图为背景的蜿蜒小路上。为了提高画面的精致感与用户的代入感，雪佛兰邀请了专业人员驾驶雪佛兰汽车来到真实的景点取景。视频播放完毕，用户还可以自由创作属于自己的千里江山壁纸，背景图、印章及文本内容等都可以自行修改、搭配。

图 8-4　雪佛兰汽车×千里江山图 H5 页面

如果放到传统营销时期，那么雪佛兰汽车的营销方式可能就单纯是电视广告或招贴汽车海报，而用户能否看到广告要看品牌对广告的投入有多少，另一方面，由于用户处于旁观的状态，很难被其打动。而千里江山图这种互动营销玩法，则为雪佛兰汽车的展示、转化提供了更多的可能，用户会全程用观看艺术品的目光去看待这个 H5，最后的自由创作环节更是加强了双方的互动感，也更便于用户去辅助传播。

不过，想要办好一场互动营销活动并不简单，不是随便发一个测试类的 H5 就可以获得热度。在做互动营销时，企业要掌握下述方法，如图 8-5 所示。

图 8-5　做好互动营销的方法

8.3.1　策划有吸引力的内容

互动营销的重点在于"互动"，因此，企业如果想要做一次成功的互动营销活动，就要先让用户产生想要互动的情绪。如果大部分用户对互动内容毫不感兴趣，那互动营销就根本运作不起来，营销效果也会非常微弱。因此，在这个信息化的时代，企业内部的营销人员要养成随时抓取热点的习惯，因为这些热点内容一般都具有博眼球的作用。

与硬广的性质相反，互动营销不能单靠企业投入大量资金帮助推广，这样做往往并不能取得理想的效果。就像你在街上看到一则广告，如果你对其不感兴趣的话，那该则广告就算占据了再多的展示位置，对你而言除了对这则广告印象深刻，就再也没有其他的想法了。只有互动营销的形式、内容足够有趣、新颖，才能对用户产生吸引力，这也是对营销人员专业能力的考验。

8.3.2　目标定位要足够精准

在正式开始做互动营销之前，营销人员首先要对自己的目标用户进行精准定位，并对其进行全方位的调查，通过大数据去解答这几个问题：什么样的内容最能引起目标用户的兴趣？这些用户大都聚集在哪里？用户的消费倾向是什么？这些只是最基础的问题，也是互动营销开始前必须搞明白的。用户定位越精准，营销人员策划的内容在投放时的成功率就会越高，用户也越容易用行动给出反馈。

因此，企业最好拥有一个完整、有序的数据库，这样才能在调取、更新用户信息的时候更具效率。举个例子，网易蜗牛读书 App 就曾在世界读书日举办了一次相当成功的互动营销活动，虽然营销形式仍是 H5 页面，但效果很不错。

首先，蜗牛读书 App 的受众无疑就是对读书这件事感兴趣的人，策划其他类型的营销内容可能难以使用户产生兴趣，也与 App 主题风格不符。因此，蜗牛读书的营销人员便以"测一测你的身体里住着哪位作家的灵魂？"为主题，制作了互动测试类的H5 页面，每个测试者都能通过几道选择题得到一个属于自己的"灵魂"。

其次，对喜欢读书的用户来说，文案的质量很重要，如果测试结果出来后只有一位作家的名字，再无其他文字，那用户的互动体验感也会有所下降。因此，蜗牛读书还精心设置了多种文案，这也是用户可以自发传播蜗牛读书互动营销活动的原因之一。但这个测试对非目标群体来说可能就不是那么有吸引力，因此，还是要注意利用大数据提前绘制好用户画像。

8.3.3　对用户进行利益驱动

无论是什么形式的互动营销，其核心点都离不开"利益"这两个字。企业进行互动营销是为了引流转化，得到更多忠实粉丝，而用户也不会浪费时间去做无意义的事。在这里，将利益驱动用得比较好的就是支付宝，其在互动营销领域的表现可谓是相当突出：每逢新春佳节，支付宝就会按照惯例推出"集五福"活动，用户需要在支付宝 App 上完成各种指定行为，才有机会获得更多的福卡。虽然将福字集齐需要耗费一定的时间，用户却还是很积极，因为谁都希望自己能够成为那个获得大奖的幸运儿。

除此之外，支付宝官方号在微博上的活动频率也非常高，找到机会就会同用户进行互动，迄今影响力最大的一次互动营销就是"找锦鲤"的转发抽奖活动。这次活动之所以能够迅速获得高达百万的转发量，主要原因有两个：其一，活动奖品诱人；其二，参与活动没有条件限制，只需动动手指转发即可获得参与抽奖的资格，这也与互动营销的便捷特征相契合。

不过利益驱动并不代表企业要直接给用户发红包，这是一种不现实、不健康的营销行为，而且也难以达到宣传产品的效果。企业还是要利用大数据去挖掘用户的潜在需求，而不是完全凭着自己的想法去进行所谓的利益驱动。

8.3.4　互动量并不代表一切

毫无疑问，互动量是营销人员在做互动营销时需要着重关注的数据，但同时也要明确一点：互动量并不能代表一切。如果只是为了单纯追求互动量，那么企业完全可以雇用一些"水军"去参与活动，这样的话互动数据肯定会很漂亮。但是，这些"水军"能够为企业带来真实的转化吗？很显然是不行的。因此，营销人员不仅要关注互动营销期间的进度、效果，还要特别注意互动营销结束后的用户数据，要抓住机会完成更多的转化，这样才能使互动营销的价值体现出来。

8.4　病毒式营销：社交链传播数据可量化是病毒式营销的基础

8.4.1　病毒式营销的特点及其传播过程中的常用指标

病毒式营销是互联网环境下出现率很高的一个概念，同时也是许多企业很重视的营销形式，甚至有的企业为了打造病毒式营销的效果，会专门雇用那些有病毒式营销经验的优秀营销人员。病毒式营销之所以能够得到企业如此大的关注度，主要是因为其本身的爆发力极强，一旦成功就能够为企业带来可观的流量。但现实总是很骨感，许多企业费尽心思都没能让雪球成功滚起来，主要还是因为其对社交链传播数据的运用不够熟练。

从病毒式营销概念中的"病毒"二字，就足以看出其快速扩散的特点了。有一些营销活动虽然曝光效果还不错，但其扩散速度却并不算快，那些漂亮数据大多也都是较长时间堆积出来的，并没有清晰的爆发节点，因此并不能将其划分到病毒式营销的范围内。有许多非专业的营销人员在没有搞清病毒式营销传播因素的基础上，便开始自顾自地策划活动，这样做大概率会使活动失败，因为营销人员将难以评估病毒式营销的效果及把控营销进程中的关键节点。下面我们就来分析一下病毒式营销传播过程中比较常用的几个数据指标，如图 8-6 所示。

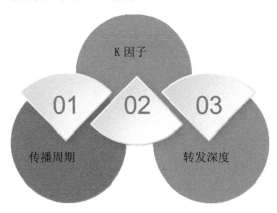

图 8-6　病毒式营销传播过程中常用的数据指标

首先，第一个可量化的数据指标是 K 因子，这是病毒式营销必不可少的助力。简单来说，K 因子就是病毒式营销传播范围的反映，主要涵盖两个计算要素：感染率与转化率。

从字面意思来看，感染率就是"病毒"的传播程度。例如，小明转发了一条微博，然后小明的朋友 B、C 又从他这里继续转发，而后再经 B、C 继续扩散到 D、E、F。用户的感染率越高，就意味着病毒式营销的效果越好，因为其能够被更多用户看到，而这些用户在被触达的一瞬间便成为团队可以俘获的潜力股。

转化率是营销学中很常见的概念，不过在这里需要将其与被感染的对象联系起来，即需要判断被感染者是否通过指定行为完成身份的转化。K 因子是由感染率×转化率得到的数值，通常如果 K 值大于 1，那就证明营销人员所做的工作比较到位，本次病毒式营销有很大概率能够为产品带来更多新用户；如果 K 值小于 1，用户增长的情况可能就不那么理想，但对初创企业来说，K 值小于 1 也是正常现象。另外，要注意被"感染"的用户不会无限增长，到达一定程度之后感染率便会慢慢下降，雪球滚得再大也会有停止的那一刻。

综上所述，通过对 K 因子的分析，可以得到一个结论：K 因子数值越高，企业的获利效果就会越好。因此，营销人员在策划病毒式营销活动之前，要先抓住影响 K 因子的两大指标，在活动开始前就要制定好感染率与转化率预计要达到的标准，这样才能在之后对病毒式营销的效果进行精准评估，也更容易抓住时机促成爆发。此外，营销人员还要事先对这两大指标进行合理分析，目的是在进行病毒式营销时可以有针对性、高效率地提升感染率与转化率。

其次，第二个可量化的指标是传播周期，通常传播周期越短，病毒式营销的效果就会越好。举个例子，你在自己的微博上发布了一条投票消息，而友人 A 在一分钟之内进行了转发，友人 B 则在第二天才转发这条微博。如果病毒式营销的参与者大都以友人 B 为主，那病毒式营销将难以真正实现大范围的扩散，因为用户的传播周期太长。

在这里可以借微博上的追星族来举个例子。当某位明星代言了一款产品时，该产品的品牌方就会选择一个时间正式发布与该明星有关的代言海报。这个时候，提前接收到消息的粉丝们就会聚集起来，在海报发布后的第一时间进行高爆发、大范围的转发，这种有组织的转发行为就会使传播周期缩短。

最后，营销人员还需关注用户的转发深度，该指标也可以用来量化病毒式营销的社交链传播效果。比方说你转发了一条微博，而后你的三个朋友又转发了你转发过的微博，这时候转发深度就是 4；如果没有任何人转发你转发过的微博，那转发深度就只是 1。正常情况下，转发深度越强，就意味着社交链的传播效果越好。来自用户的自发传播行为也是病毒式营销能够成功的必备要素。在这里，影响力较大的 KOL、行业内名人的参与都会使转发深度有所提升。

病毒式营销整体来说还是不太稳定，可控性较差，因为没有人能准确断定病毒式营销究竟会在什么时候爆发，结束时的传播范围能有多大，但是这与营销人员提前做好各项传播指标的规划并不冲突。

8.4.2 提升 K 因子数值的方法

上述提到的这几个可量化传播指标，都会对病毒式营销的效果造成较大影响，不过应该放在首位的还是 K 因子，营销人员需要努力提升感染率与转化率这两大数据指标，使病毒式营销的效果更有保障，常用方法如图 8-7 所示。

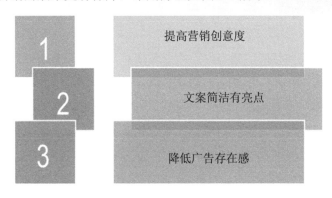

图 8-7　提高 K 因子数值的方法

1. 提高营销创意度

病毒式营销不能用常规的营销思维去做，要打破正常的逻辑框架，给用户更多意想不到的新鲜感。创意是驱使病毒式营销传播的重要因素，也是提高病毒式营销感染率的主要助力，毕竟大部分人都会因有新颖感的内容驻足，而那些司空见惯、过于老套的营销活动很难吸引用户的目光。

现阶段企业想要提高病毒式营销创意性的难度很大，因为营销领域中有太多优秀的竞争对手，如随处可见、高频出现的 H5 互动页面。尤其是小企业，想要玩转病毒式营销更是不易，不过也并非毫无机会，创意独特、足够用心的营销活动还是会被用户看到的。

2. 文案简洁有亮点

大部分病毒式营销活动都会配上一些文案，这些文案或出现在标题内容上，或出现在海报等地方。这里要着重强调一下病毒式营销标题文案的重要性，我们可以来对比一下某面膜企业的两个营销标题：第一个是"××面膜能够帮你不断变白"，第二个是"用了这款面膜后，我卸载了所有美颜软件"。如果你是对该品牌面膜不熟悉的用户，看到哪一个标题更容易让你心动呢？病毒式营销的创意性要体现在每一个活动构成上，同时要保证标题文案的简洁性，让用户可以一眼就捕捉到标题中的亮点，从而产生好奇心。

3. 降低广告存在感

客观来说，即便病毒式营销的创意性再强，其本质也只是企业为提高自身影响力、获得更多新用户而打的广告。但是，清楚病毒式营销的本质也不代表营销人员要直接将广告信息过多地注入活动中，商业化气息过重的营销形式很难打造出病毒式营销的效果，因为用户不会买账。因此，最好的方法就是努力降低广告存在感，让广告线索可以同病毒式营销的内容良好融合；不过也不要走另一个极端，即用户完全感知不到任何广告的存在，这也不利于品牌的宣传。

8.5 增长黑客：如何用更低成本、更优渠道做好业绩增长

增长黑客这个概念最早起源于国外，而国内早期对增长黑客的了解并不多，2015 年左右增长黑客才慢慢受到各大企业的重视。增长黑客的提出者 Sean Ellis 有着丰富的营销业绩增长经验，强调数据对企业营销的重要驱动作用。无论是中小型企业还是大型企业，用好增长黑客的营销理念都能有效拉动企业自身的增长。

先来简单梳理一下 Sean Ellis 提出增长黑客概念时的背景。事情发生于一个看起来很平常的夜晚，Sean Ellis 同自己的两位朋友聚在一起喝酒聊天。这几个人的聊天话题是抱怨那些所谓的营销人才，认为这些人的简历虽然很漂亮，且交流过程中也看不出什么问题，但当其来到创业公司之后，却完全做不出什么成绩。

那些营销人才都是从知名大公司走出来的，即便他来到了还没有发展起来的小公司，但营销的理念、方法却没有变化。大公司的经济情况肯定要比小公司好，每次用于营销活动的预算也会比小公司高出许多，所以这些营销人才在没有变通思维的情况下，会继续沿用在大公司的营销套路，这就导致小公司既无法节省营销开支，也难以拥有较好的营销成绩。

基于这种情况，Sean Ellis 表示传统营销模式的适用性已经不高了，必须树立新的营销思维才行。于是，增长黑客便由此而生。虽然增长黑客在之后的发展过程中也走了一些弯路，不过在现阶段已经基本成型，且尤其适合创业型的小企业使用。增长

黑客的优势是能够有效控制营销成本，但前提是企业的营销人员掌握正确的应用方法。增长黑客只是帮助企业得到更稳定营销效果的工具而已，如果想要高效带动企业增长，还需从下述两个方面着手。

8.5.1　控制企业营销成本

首先要明确一点，控制企业营销成本强调的是将成本把控在合理范围内，而不是为了节省营销开支，一味地压缩预算空间，这样只是在走另一个极端；其次，不同发展状态的企业对营销成本有不同的理解与规划，并没有绝对统一的标准，所以不需要增长黑客背景中思维不知道变通的传统型营销人才；最后，控制营销成本是为了让企业能够借机获得更高的经济效益，有时企业即便能够合理把控营销成本，但营销活动若是一点儿水花都没有，那企业哪怕没有亏损也不算从中赚到。了解了上述几点之后，企业在做营销活动时会更有把握。

基于 Sean Ellis 的增长理念，我们可以从中提炼一些关于成本管控的方法，如图 8-8 所示。

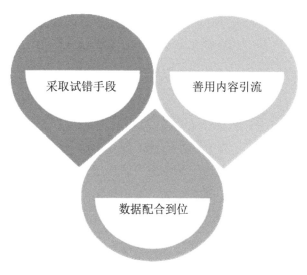

图 8-8　管控营销成本的方法

1. 采取试错手段

在增长黑客理念中，对试错思维也很重视，如果企业能够正确使用试错手段的话，营销成本将会处于更加稳定的状态。比方说，某企业研发出了一款新产品，虽然在产品正式投入制作之前企业也进行了全面的市场调查工作，但最好不要立刻针对这款产品开展大量的营销活动。营销人员可以先结合产品属性与目标市场的情况进行小范围营销测试，暂时不要为此投入太多费用。不过，试错也不意味着企业应毫无顾忌，还是要找准试错方向，努力减少试错次数才好。

2. 善用内容引流

与传统的营销模式相比，现阶段的营销模式显得更加灵活，因为营销形式会随着信息技术的发展而不断增加，内容营销也成为许多创业型企业的首选。顾名思义，内容营销能否成功的关键就在于企业能否生产出足够优质的内容，同时内容也不一定非要以文字的形式呈现，图片、短视频都可以。比如李子柒其实就是内容营销的成功典型，其在抖音创作的短视频内容为自己带来了大量热度，即便没有像常规品牌那样购买各种广告宣传位，也可以实现低成本、高回报的营销效果。

3. 数据配合到位

企业哪怕将营销成本压得再低，如果对自己的目标用户不够了解，那其所做的营销工作也没什么意义。目标定位不清晰，不知道用户想要的究竟是什么，营销活动便会像失去方向的小船一样，很快就会消失在茫茫的海面上。因此，这也是 Sean Ellis 强调数据驱动的原因，增长黑客必须有数据的配合才能发挥增长作用。

8.5.2 选择更优营销渠道

能否选择优质营销渠道，是决定企业能否获得增长的重要因素。这里的"优质"并不是单纯指该营销渠道的用户量有多大，而是更侧重于营销渠道与企业的适配度。或者说，是营销渠道与企业目标用户的适配度。目前，互联网中的营销渠道种类多样，社交类营销渠道主要有微博、知乎、百度贴吧等，而适合培养私域流量的营销渠道则以微信、QQ 为主。

当企业选择了不适合的营销渠道时，营销成本便开始了无意义的浪费，而这种浪费并没有所谓的适度范围。就像有些人浪费粮食一样，虽然浪费一碗米饭与一锅米饭相比，肯定是后者的浪费程度更严重一些，但也不能因此说前者没有浪费。因此，企业在制定营销策略的时候，必须充分考虑下述几个问题：我的目标用户都聚集在这些营销渠道中吗？这些营销渠道是否方便用户参与、传播活动？渠道是否需要付费？

营销活动是否能够取得成功，并不在于企业选择了多少营销渠道，而是每个营销渠道是否都可以生效。在这里，一方面营销人员须掌握各种常见营销渠道的优缺点与适用范围，另一方面要抓住目标用户的行为特点，将二者合理结合才能找到更优的营销渠道。

如果企业能够对增长黑客的理论观点进行合理应用，那么将有可能获得更显著的增长。但要注意的是，只有在企业产品或服务本身有优势、有亮点的基础上，增长黑客的作用才能体现出来。面对毫无卖点的产品，即便是再优秀的营销人员，也无法化腐朽为神奇。

8.6　【案例】：小米的互动营销策略

提到营销，小米可以说是一位名副其实的优秀选手，有许多地方都值得其他企业学习。在产品性价比较高的基础上，小米的营销团队也在持续发力，这是小米能够迅速成长起来的主要因素之一。截至 2020 年 8 月 10 日，小米在世界五百强名单中的排名为第 422 位，同年小米"双十一"的全平台销售额也取得了 143 亿元的好成绩。但很显然，小米的成功并没有那么简单，我们可以深入分析一下其在互动营销领域内采取的营销策略。

虽然在很多人心中，小米已经同饥饿营销紧紧地捆绑在了一起，不过小米能够熟练应用的营销玩法并不止这一种。相比大张旗鼓的饥饿营销，互动营销的存在感往往没那么强，但其为小米发展做出的贡献并不小。从小米创始人雷军在各个公开场所的发言来看，小米自始至终都将用户放在第一位，在企业内部也强调研究高性价比产品的理念。

对一个品牌来说，用户的支持是最重要的，因此，小米也非常注重与用户之间的互动，微博、微信与小米社区就是小米开展互动营销的主要渠道。我们可以先来分析一下小米在微博采取的互动营销手段。

8.6.1　转发抽奖

转发抽奖是最常见的互动营销手段，虽然这种互动形式早已司空见惯，但对小米而言却非常好用，而用户对这种互动营销形式也非常欢迎，毕竟自己有可能成为利益获得者。当小米准备发布新品的时候，通常会在微博通过转发抽奖来提前预热，这样做既能够吸引更多新用户的目光，也能为米粉提供一些福利，以此提高品牌粉丝的黏性。

同时，新品也会借此得到较大程度的曝光。虽然从表面上看小米是提供奖品的那一方，但与其获得的流量相比，几部手机、几款定制手环或是其他类型的奖品，对小米而言几乎算不上什么成本。

8.6.2　高管入驻

在人们的常规思维中，大型企业的高管一般都是比较神秘或"高冷"的，不会与普通用户有太密切的接触。但是，小米内部的高管团队纷纷开通了微博账号，就连创始人雷军在微博上都分外活跃，还会时不时回复一下微博用户的留言，与用户进行友好互动(见图8-9)。虽然其他企业的创始人也会跟随时代潮流入驻微博，但往往没有雷军这么活跃。

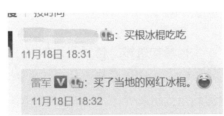

图 8-9　雷军与微博用户的互动

值得一提的是，雷军曾在小米的印度发布会上说了几句英文，但由于他的英文有比较明显的口音，引发了网民的大量讨论。随后，雷军便发了一条带有自嘲意味但又很幽默的微博，将原本有些尴尬的事情以互动营销的方式化解，变成了一个传播度很广泛的梗，也博得了许多用户的好感。

小米在微博的互动营销手段主要就是上述提到的两种，其中转发抽奖、为用户送福利的互动形式效果最好，几乎每条带有抽奖信息的微博都能得到大量用户的自动转发。另外，小米的微博还采取了矩阵布局的互动营销形式，粉丝量较多的几个小米旗下账号(如小米手机、小米公司、小米电视等)在微博的活跃度都很高，可以全方位接触不同类型的用户。

下面我们再来分析一下小米在微信渠道进行的互动营销。

小米在微信的公众号以"@小米手机"这个账号为主，目前，该账号发布的每篇文章都能轻松获得 10W+的阅读量，而微信也成为小米同用户沟通互动、传递产品消息的另一个重要渠道。与微博相似的是，小米也会在微信公众号不定时为用户送出福利(见图 8-10)，这也是其涨粉的主要方法之一。

图 8-10　小米手机在微信公众号的福利活动

而"@小米服务"这个公众号的主要职能虽然是为用户答疑解惑，但也经常会发布一些互动式的营销内容，如让用户参与投票来决定手机的后盖彩膜样式，并且在投票后还能获得参与抽奖的资格；让用户在留言区说出自己在购买或使用小米空调时遇到的问题，凡是在评论区留言的用户也都能获得抽奖资格。而小米也可以通过这种互动方式掌握了更多的用户信息。

如果说微博的互动营销为小米带来了更多流量，那么微信的互动营销就能够更有效地降低小米用于营销的成本。

最后，我们再来介绍一下小米与米粉互动最频繁、接触最深入的地方——小米社区。

　　小米社区的功能板块有很多，其中，广场是小米官方号与普通用户都能自由发言的地方，"@社区福利菌"经常会以互动形式抽取幸运米粉。米粉的配合度也很高，他们并不只是简单地回复一些语气词，而是会结合互动话题给出自己的真实想法。在小米的圈子板块中，"MIUI 系统圈子"中的成员数量很多，已经突破了二百万。米粉既可以在不同圈子里发表自己的意见，也可以同定时上线的"@负责人在线"这个账号进行深入交流，小米的产品负责人会选出一些有交流价值的回复信息，并给出自己的回应。

　　微博、微信营销渠道的热度虽然也很高，但参与互动的用户精准度却没有小米社区这么高，因为这几个营销渠道的用户属性还是比较繁杂的。而小米社区只有米粉才会聚集进来，且小米社区更容易让用户产生互动感。基本上每个圈子都会有小米官方团队的开发者入驻，仅小米 10/10pro 的圈子里就已经入驻三百多名开发者，而这无疑能够使米粉与小米有更深入、更频繁的互动接触。

　　小米在社区渠道开展的互动营销，主要优势在于营销成本较低，不必在其他平台花费资金去做广告投放，所有营销内容都能直接在自己的社区进行应用。更重要的是，小米社区的粉丝聚集度较高，几乎所有互动营销的内容都是直接覆盖粉丝群体的，因此，信息的触达程度会非常高。

　　可以说，小米一路以来的发展离不开忠实米粉的大力支持，因此，除线上渠道以外，小米还非常注重线下的互动营销。2019 年，小米九周年生日之际，在北京举办了一场专属于米粉的周年狂欢节。现场所有的米粉都可以领取一份礼品，而且还有许多为米粉准备的独特互动活动，如 VR 的游戏式答题、在祝福墙写下诚挚心愿、米兔出场同米粉进行呆萌互动等。在最后，作为小米核心领袖的雷军也出现在了现场，并且亲自为米粉送上了蛋糕，还一起拍了合影。

　　小米从创始人到内部高管、开发团队，甚至是普通客服人员，都非常重视互动营销的质量，也会在各个营销渠道频繁为用户送福利，所以才使得小米可以拥有如此强大的米粉应援力。忠实粉丝并不是领导者站在公开场合说几句感人的话就能塑造出来的，而是要建立在高质量产品、长久互动的基础上，不是"三天打鱼，两天晒网"式的互动营销模式。

第 9 章

相关环节：
它们同样决定了大数据营销的最终效果

　　能够影响大数据营销效果的要素有很多，本章将提炼出几个比较典型的要素进行深入分析。比方说在互联网时代衍生出来的数据可视化技术，企业在进行数据分析、监测的工作时，它能够提供较多帮助，还能促进团队成员之间的高效交流。而实效营销、品牌营销也是企业需要掌握的营销技能，它们能使每一笔用于营销的资金都落到实处。在利用数据的同时，不要忘记做好数据隐私的保护，否则企业所处的环境将会变得非常危险。

9.1 数据可视化：更明晰的动态监测、更好的汇报效果

数据可视化，顾名思义，即让数据以图形化的形式呈现出来，能够给人更强烈、更直观的视觉体验。它不是像传统时期那样，让密密麻麻的数据以纸质文件或文档表格的形式进行展现，但这并不意味着常规的数据表格就此被抛弃，只是要将其与数据可视化进行合理搭配。目前，数据可视化的存在感越来越强，在抖音、快手等 App 发布的大数据报告、企业营销人员制作的某阶段工作汇报文件中，都能看到视觉效果较好的数据可视化内容。

数据可视化的地位之所以能够一步步提升，源于信息技术的进步与企业需求的转变。在过去，人们最多是通过一些系统自带的柱状图、折线图去展示数据，很少有人会在意可视化图表的美观度、展示效果如何。但随着网络环境的日益成熟，人们已能够借助现有技术做出类型更加多样化、专业度更强的可视化图形。

为何企业需求会发生转变，一方面是因为互联网领域逐渐壮大，数据在企业日常工作中的参与度也越来越高，企业必须寻找更有效的方式去对待数据；另一方面则是因为常规的数据展现形式已经跟不上企业发展的节奏，如果没有可视化形式的辅助，企业处理数据时的效率不仅会逐渐降低，而且还有可能会为企业带来一些风险。下面我们就来总结一下数据可视化在企业中能够发挥的几大作用，如图 9-1 所示。

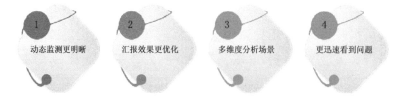

图 9-1　数据可视化在企业中的作用

9.1.1　动态监测更明晰

监测对一个企业而言是必不可少的工作环节，无论是什么类型的企业，都要做好内外部的数据监测工作，这样才能为企业建立一个相对稳定的保护罩。但是，监测本

身就是一项动态工作，比方说某超市的客流量每分钟都会出现变化，而某慈善机构收到的捐款资金也会在一定时期内不断出现数字的增长。为此，智能化的数据可视化软件就是监测这些动态数据的必备工具了。

在动态监测系统中，腾讯云图是一款不错的可视化工具，它支持从各个数据库中接入数据，而后让数据以美观的可视化图表形式呈现，实现实时更新的监测效果。云图监测系统的适配度很高，无论企业的主营业务类型是什么，都可以利用云图搭建出更稳定的动态监测环境。

9.1.2　汇报效果更优化

无论是营销人员还是其他部门的成员，在工作时都会不可避免地接触一定量的数据，而那些与数据接触较为频繁的部门，在汇报工作时就要将数据融入报告内容中。但是，通篇都是数据与文字分析相结合的报告形式显然不再适合现阶段，一方面这会导致汇报时间过长，另一方面这样的汇报也不利于信息的有效传递。

有些企业会选择将报告打印出来，人手一份；有些企业则会直接将报告做投屏处理。但无论是哪种形式，在没有完成数据可视化转换的时候，效率都是比较低的。特别是某些销售人员在汇报某阶段业务情况的时候，必须做好数据可视化的工作，这样才能让自己的汇报效果变得更好，而不是将所有业务数据都放到一起，再分别对其进行阐述，具体示例见图 9-2。

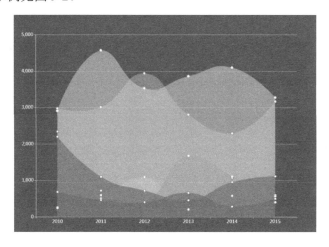

图 9-2　工作汇报数据可视化示例

9.1.3 多维度分析场景

企业在分析数据的时候，往往不是针对某一场景，而是要进行更加全面的分析。这时候，比起单纯用文字信息与客户交流，倒不如直接建立一个概念模型。举个例子，就企业用户这一主体，可以将其拆分为付费会员与普通用户，而后分别以这两大类型的用户数据为基础，去建立不同的可视化模型。

而那些业务内容比较复杂的企业，对数据可视化的需求度只会更高，因为它需要多维度地分析场景，这样才能更及时、稳定地掌握企业的运营情况，让每个模型针对不同业务场景反映出不同的问题。

9.1.4 更迅速看到问题

常规的数据报表虽然信息量很大，但许多问题却很难暴露出来，相关人员在分析数据时会耗费较多的时间，而且还有可能错失重要线索。因此，这个时候就要借助数据可视化的力量了。如图 9-3 所示，可视化图表中不同颜色的区域分别代表了华东、华中等不同地区，当然也可以将其替换为同一城市的不同区域。根据该图表，我们可以清晰地看到不同区域的商品销售情况，迅速捕捉到每个区域的优势与问题所在。

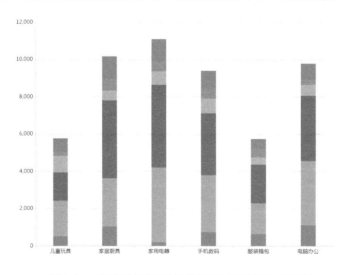

图 9-3 不同区域的商品销售情况可视化图表示意图

随着企业对数据可视化需求的逐渐增加，与其有关的市场也在逐步扩大。目前，腾讯云图、Smartbi 都是市场中使用率比较高的数据可视化工具，Excel 新版本在数据可视化这方面的功能也比较强大。但是，这些工具的智能化程度虽高，不代表企业从头到尾都无须对其进行操控。即便已经给出了现成的模板，企业人员依然要对模板内容进行合理调节。在这里，企业还需要注意下述事项。

第一，配色不能过于接近。

数据可视化图表通常会利用图形与颜色给人以强烈的视觉体验感，但有些人由于缺乏经验，在自定义可视化图表的时候，经常会在配色时出现问题。

举个例子，小张认为渐变色很美观，并且能展示出色彩的变化，于是便选择了冷色调的一组渐变色系。然而当这张可视化图表正式生成后，整体效果却并不好，因为大部分人都无法在第一时间清晰分辨出每组数据的分割点，给人的感觉就像锅里的汤圆一样，虽然大家都知道馅料是不同的，但辨别起来却很吃力。配色是数据可视化效果中非常重要的构成因素，因此一定要注意不要让配色过于接近。

第二，极致美化不可取。

在自定义可视化图表的时候，要注意别走极端。可视化图表要保证最基础的美观度，不能给人以过于粗糙的视觉观感。但与此同时，也要注意不要对其进行过度美化，制作美观的可视化图表只是为了能够更高效地审视、分析数据，并不是要使其成为艺术品。极致美化只会使图表效果变得极其混乱，同时不适合企业应用。

第三，合理使用图表类型。

可视化图表有多种类型，Excel 内置的图表类型就很多，如常规的饼状图、折线图，以及面积图、散点图、起泡图等。企业要合理使用这些图表类型，不要用一个图表去套用所有的数据场景。

企业要善用可视化图表，同时要记住这只是一个数据展示的工具，当其将数据以清晰、美观的效果呈现出来后，相关人员还需做好数据分析、解读的工作，这样才能使可视化图表的应用价值体现出来。

9.2　实效营销：大数据在实效营销中的作用

实效营销是大部分企业都在追求的营销效果。"实效"二字展开来说，就是营销的实际效果。有些企业虽然口号喊得很响亮，营销活动结束后却根本掀不起什么水花，甚至基本上没有用户参与进来。在这种情况下，所有人看似很努力，其实是在做无效工作，因为企业根本就没有在市场营销的过程中获得对自己有用的资源，反而是在倒贴钱。

互联网带动了许多新产业的发展，也使许多在夹缝中生存的小企业能够抓住更多机会。但是，很多企业也因此而变得格外浮躁，而那些所谓的"专业机构"也看准了这一点，试图用"不花一分钱推广，微信裂变营销×天收益迅速破×万"这种模板的宣传语去引诱那些急于求成的中小型企业。如果有人轻易相信了，可能也确实可以看得到流量的增长，但这些流量是真是假可就没人能断定了，想要从中获取转化收益也是非常不现实的。

微信渠道的流量虽然很庞大，企业在利用该渠道进行营销的时候，却也会产生一种力不从心的感觉。流量虽大，却架不住竞争对手的大量涌入，以及用户群体不买账、不感兴趣的态度。现阶段的营销模式需要双向互动，如果用户对企业开展的营销活动毫无感觉，那企业就只是在白费工夫，自然也无法从中看到实效。

想要做好实效营销，企业内部就必须真正汇聚为一个整体，而不是各自为政、各部门之间毫无关联。与此同时，对大数据的应用也是必不可少的。大数据在实效营销的场景中有着较高的地位，主要作用如图9-4所示。

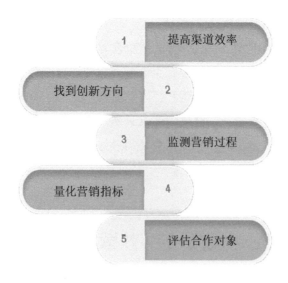

图9-4　大数据在实效营销中的作用

9.2.1　提高渠道效率

　　良好的营销渠道可以帮助企业更好地完成目标，然而无论是传统营销渠道，还是互联网环境覆盖下的营销渠道，都不是随意从各类媒介中进行划定那么简单。从表面上看渠道只是企业用来做宣传推广的一个路径，实际上其背后是一个完整的体系，此时如何做好对营销渠道体系的规划就成为企业需要着重关注的问题。

　　无论营销渠道是长期还是短期的，都必须与企业内部情况相符，比如有些渠道可能很适合互联网领域的企业，却并不适合金融领域的企业。这时大数据就可以派上用场了。不要用过于局限的目光去看待大数据，其既能应用到目标用户与竞争对手的身上，也可以应用于企业内部。

　　另外，在进行环境分析的时候也需要对渠道中竞争者的情况做出分析，而渠道的潜力、优势与短板也要依托数据才能精准找到。总而言之，大数据能够帮助企业搭建出效率更高的营销渠道体系。

9.2.2　找到创新方向

　　提到"创新"这个词，很多负责微信营销策划的工作人员都可能会感到头痛。正如上文说的那样，微信的流量非常庞大，也是许多企业虎视眈眈注视着的一块大蛋糕，目前这块蛋糕依然摆在这里，但要取走其中的一块却变得非常困难。内容营销是各个微信公众号采取的主要营销手段，然而能够靠用户自发传播来获得 10W+阅读量的文章越来越难写，很多文章都被用户给出了"无聊""俗套""乏味"的评价。

　　毫无疑问，能够打动用户、让营销产生实效的是那些具备创新性质的内容，然而当用户看过了太多优秀的营销方案之后，口味也变得越来越"刁钻"，企业创新的难度也越来越大。但即便如此，在不考虑用户与外部大环境的前提下，自行设定天马行空的内容也是没有意义的，只有靠大数据更多地了解目标用户，捕捉最新的热点内容，才能更快、更准地找到内容创新的方向，才能离实效营销的目标更进一步。

9.2.3　监测营销过程

实效营销讲究的是将每一个营销环节都把控到位，使营销效果可以尽可能稳定，很多企业之所以无法将市场营销的工作做出实效，营销过程中疏于监测也是主要原因之一。

打个比方，这其实就像教育孩子一样，从婴儿期到幼儿期，再一步步地长大，如果监护人对其成长过程中的行为动向、言语表达及其他方面毫不关注，那孩子也很难变成其想看到的模样。

而实效营销在本质上也是如此，企业必须时刻监测动态数据的变化，才能及时做出反应。有些企业虽然对策划营销活动的环节很上心，但营销过程中的监测质量却很差，这样只会加剧营销结果的不稳定性。

9.2.4　量化营销指标

有些经验不足的初创企业，在开展营销活动时没有太过细致的规划，有时候可能头脑一热，觉得哪个营销方案比较好，便立刻用实际行动去付诸实现了。行动力强是一件好事，但在火速行动之前也要做好对相关营销指标的量化处理。这样做一方面是为了让营销人员可以更加明确本次营销活动的重心要放在哪里，在实施过程中也能结合预期指标做出合理判断；另一方面在活动结束后也可以利用大数据对营销效果做出更精准的评价。

9.2.5　评估合作对象

即便是大型企业，也难以将各方面都做到最好，有时候也需要借助其他专业机构的力量，使营销效果更有保障。举个例子，很多企业内部并没有专门的广告团队，这时就需要专业的广告机构去帮助其宣传推广，使其能够拥有更高的曝光度。

但是具备这种需求的企业数量较多，提供这方面服务的市场环境相对来说也比较复杂，因此这时还是要靠大数据去评估预选出的合作对象，而不是被对方三言两语就忽悠住了。广告机构说得再多，都不如直接拿出与成功案例有关的数据效果好，数据往往是最有力的证据。此外，像目前比较流行的跨界营销，也需要借助大数据考察跨界营销对象与自身的适配度。跨界营销虽然强调双方所在的业务领域要有差别，但也要相互融合才行。

9.3　品牌营销：大数据优势在品牌营销中的正确玩法

近年来，互联网中品牌营销的力度越来越大，覆盖面越来越广。但如果我们将其与实效营销结合起来去看的话，就会发现许多品牌做营销时就像在放鞭炮一样，虽然鞭炮的炸裂声非常响，放完了之后除了一地灰烬以外，也留不下什么其他的东西。成功的品牌营销并不是投入了大量的营销资金，也不是将营销体系做得多大，而是能否在营销过后让品牌在用户群体的心中留下印记。

品牌营销本质上就是企业为提高自身影响力、竞争力而采取的营销手段，不过大型企业在做品牌营销时的优势会更大一些，因为其通常已经具备了一定的粉丝基础。品牌营销虽然也是企业打广告的形式之一，但其想要达成的效果并不只是让用户知道有这样一个产品，而是让品牌形象更加清晰，更深入人心。对某款产品感兴趣，与对某个品牌抱有喜爱之情，这两种心态带来的转化效果是截然不同的。

企业想要玩转品牌营销，使品牌能够在低成本基础上获得更多有效流量，就必须用好大数据。在这里，我们可以先来分析一下农夫山泉的品牌营销战略，看一看大数据优势是如何被展示出来的。

创立于 1996 年的农夫山泉，打着"农夫山泉有点甜"的宣传口号，历经二十几年的风风雨雨，将民族企业一步步做大、做强。虽然是传统的制造业企业，但农夫山泉却能够紧跟时代发展的步伐，将大数据与互联网的价值开发到最大化。

首先，农夫山泉在选择品牌代言人的时候，可以说是毫不手软，每次都会直接将目光锁定在那些流量较大的明星身上。农夫山泉希望能够借助粉丝来扩大品牌影响力，因此始终在努力向年轻群体比较喜欢的明星领域靠拢，其中有许多都是靠热门选秀出道的人气选手。在娱乐圈中，许多年轻偶像的粉丝都会选择用打榜、投票等方式来帮助其提高人气，而这些数据也是农夫山泉品牌方的主要考察点，数据采集渠道一般是微博，像粉丝量、微博阅读量、转发量等都是品牌选择代言人时比较重视的数据。

其次，农夫山泉虽然不像其他智能产品那样有着多样化的功能，但就单靠矿泉水瓶的包装，农夫山泉也可以将其玩出花样，玩出效果。2017年，农夫山泉与网易云音乐携手举办了一场跨界营销的活动(见图9-5)，利用大数据技术在网易云音乐的庞大乐评区域内精挑细选了三十多条评论，而后将其印制在了瓶身上。

图9-5　农夫山泉×网易云音乐跨界营销宣传图

消费者对这种趣味性的营销活动非常感兴趣，很多人将印有乐评的限量版农夫山泉水瓶拍照发到朋友圈中。而就是这一次跨界营销，使农夫山泉的年轻化标签更加明显，许多人也对农夫山泉品牌产生了新的认识。本次营销活动之所以能够成功，一方面在于双方能够利用大数据将那些最能触动人心的乐评找出来；另一方面大数据的优势还体现在其能够帮助农夫山泉找到差异化的营销点，而不是一味地走常规营销路线。

除网易云音乐以外，农夫山泉利用大数据找到了更多个性化的营销路径，如联动故宫文化推出限量版"故宫瓶"，其前提故宫文化的热度持续上升，有较多用户都表现出了对故宫文化的兴趣与喜爱。前段时间，《延禧攻略》《如懿传》等清宫剧格外火爆，而这些市场数据也成为农夫山泉确定联动方向的依据。

农夫山泉虽然是老牌企业，但由于其近几年始终坚持在做品牌营销，且每一次营销内容都有着较强的创新性，所以也得到了大量年轻消费者的认可。不过，这并不是农夫山泉的运气好，而是其对大数据的利用恰到好处，无论是代言人的选择，还是 IP 的联动，都是以年轻用户群体的需求为导向。

值得一提的是，对农夫山泉销量起到了较大推动作用的综艺节目《偶像练习生》，在开播前并没有多大的热度，而后却成为 2018 年的爆款。"慧眼识英才"的赞助商农夫山泉也因此得到了极大的曝光，旗下产品维他命水销量更是暴增几百倍。但是，农夫山泉真的是全凭直觉去做赞助决定的吗？很显然，对选手、节目及综艺环境的数据分析也是必不可少的。

大数据对品牌营销有着至关重要的作用，不过企业在应用数据的时候，也需要注意下述事项。

大数据是企业用来接触用户的工具，可以帮助企业更加深入地了解用户的需求。但是，很多企业虽然采集到了足量的数据，也能够找到自己的用户群体，却不能打动用户，实现转化。这就好比你同一个人打招呼，而这个人虽然看到了你，却没有给出任何回应一样。企业要注意数据清洗的质量，并要从中提炼出核心数据，因为很多人在网上会为自己进行包装，所以有时数据也会具有欺骗性，如果不能及时发现这些假数据的话，很有可能会做出错误的判断。

另外，用户数据通常会处于持续更新的状态，有些人可能这个月还对 A 款样式的产品念念不忘，下个月就会对 B 款样式的产品大力追捧。用户需求不可能永远都是一成不变的，所以企业哪怕做了一次相当成功的品牌营销活动，也不代表这次活动中的用户数据可以沿用到下一次。就像农夫山泉所做的跨界营销一样，与网易云音乐的联动效果很好，但并不意味着这种营销套路会生效多次。

一次成功的品牌营销会涵盖多个关键环节，如对用户信息的整理与分析、对营销形式与内容的策划、对投放渠道的选择等，这些都离不开大数据的参与。但是，也不要过度依赖大数据而全无独立思考能力，这样也会对品牌营销的效果造成影响。

9.4 营销预算：大数据营销方案如何实现资源最优配置

营销预算制定得是否合理，会直接决定企业资源分配的效率，因此，企业必须在开展营销活动之前将营销预算编制完成，这样才能提高营销方案成功的概率。如果企业不能用心对待营销预算，使其出现了很多不合理的问题，那营销资源就有可能出现不同程度的浪费，企业也就很难看到自己期望达成的营销效果。因此，本节会详细阐述与编制营销预算有关的知识。

关于营销预算与资源配置之间的关系，我们可以举个例子来了解一下："双十一"是所有企业都会关注的购物狂欢节，正常情况下没有企业会在"双十一"当天才开始做准备，而是会提前一周甚至一个月就开始研究自己的营销方案该怎么做。某企业决定在"双十一"上架自己的新品，于是也早早就开始了营销预热，然而最终的转化率却并不理想。

会出现这种结果，主要原因在于下述两个方面：其一，企业虽然没有投入较多的营销资金，但也走进了另外一个极端——其认为"双十一"的热度足够大，所以想要努力降低营销成本，因此接到了相应指令的预算编制人员只能不断压缩营销预算的空间，导致企业在前期营销阶段的效果并不明显；其二，企业没有为"双十一"分配足量的客服人员，这就使得有些用户虽然看到了企业的新品，在向客服咨询时却未能得到满意的回复，有些客服甚至连新品的基本信息都不了解。"双十一"的商家竞争力本就很大，而用户也没有耐心去等待客服回复，找到替代品后便会迅速离开。

从上述案例中可以看出，该企业在编制营销预算时的态度就非常不合理，只是一味想要压缩预算，从而导致了后期资源配置作用难以发挥出来。资金的缺少使其难以在前期的营销预热环节占据优势，客服资源也难以满足用户的购物需求。因此，该企业在"双十一"活动中的失败其实并不令人感到意外。

如果哪个企业表示自己"不差钱"，完全不需要考虑营销预算这个问题，那么其在分配营销资源的时候就可以从容许多。但现实是多数企业都还到不了这种程度，其必须用更严谨的态度去对待营销预算。编制营销预算的过程，其实也是企业分配营销资源的过程。因此，为了使资源能够得到最优化配置，企业必须先将营销预算合理化，主要方法如图9-6所示。

以营销目标为依据

总结并分析各营销渠道

分解费用项目

部门之间高效沟通

图 9-6　营销预算合理化的方法

9.4.1　以营销目标为依据

企业在编制营销预算的时候，要先确定本次营销的目标是什么，这样才能使营销预算的编制更具针对性，而不是完全凭经验或主观想法去做判断。当然，这里的前提是营销目标也要科学合理，目标设置得太高会使营销预算也随之增加，不能把控好火候的话容易出现资源浪费的现象；营销目标设得太低又难以实现利润最大化。

如果某企业本身没什么影响力，粉丝基础也不是很好，而经营者却希望在即将开展的营销活动中能够获得数十万的有效流量，那其为此要付出的营销费用通常会很高，且营销效果具有较强的不确定性。这种情况下，预算编制连带着资源分配也会变得非常不可靠。

9.4.2　总结并分析各营销渠道

编制营销预算时，需要先将可能会用到的各个营销渠道梳理出来，如广告投放、线下巡展、物料发放等。预算编制人员需要总结所用渠道的数量，以及各个渠道大致的费用情况，并努力将预算控制在合理范围内，将那些无意义的费用支出删掉。营销渠道是企业开展营销活动时很重要的一环，只有将各个渠道的效率提高，营销目标才有可能实现。

有些渠道是不适合企业使用的，比方说电视广告的投放，如果企业面向的用户群体普遍比较年轻，多数都聚集在互联网中，那么电视这个营销渠道可能就很难有什么好成绩。这个时候，如果预算编制人员接到的指令是必须要有该渠道，那么他就可以将该渠道的预算降低一些，并将更多预算分配给网络渠道。

9.4.3　分解费用项目

预算编制人员需要对费用项目进行合理分解，比方说 SEO(search engine optimization，搜索引擎优化)可以使企业网站的排名更靠前，这个时候就要结合具体的优化手段去进行预算估算；而在新浪微博中买热搜广告位、助力上头条等，也需要支付一定的营销费用。类似这样的费用项目还有很多，在编制预算时需要将其一一拆分，这样才能使最终生成的营销预算能够得到更高效的应用，而每个项目也能分配到合理比例的财力资源或人力资源。

9.4.4　部门之间高效沟通

编制预算不是一个部门就能拍板决定的事情，要有多部门的配合才行，否则很容易出现预算分配不合理或部门资源跟不上的情况。有些企业在预算编制这项工作上屡屡出现问题，最后预算不是超支就是营销效果没达到期望水平，可能存在的原因是各部门之间的沟通不到位。

有时候在各部门将预算上报之后，审批人员只是漫不经心地看一下，觉得没什么问题就会直接通过，这通常会导致营销预算的编制出现问题。营销预算审批需要从严对待、大胆质疑。自上而下的预算编制模式也是一样的，即领导层进行决策，各部门成员负责执行，当各部门产生异议的时候也要及时沟通、上报。

此外，在进行预算分配的时候，要同各部门负责人进行有效沟通，这样才能使企业制订的营销方案更易被实现。企业也可以借助先进的大数据技术，利用一些智能的数据系统进行营销效果的预判，以此来优化自己的营销预算与资源分配比例，使营销资源能够达到最优化配置，不轻易出现资源的浪费或不合理集中等情况。

9.5　数据隐私：守得住界限才能更安全

大数据时代的到来，从整体来看优势还是比较明显的，如中小型企业可以利用大数据与互联网的结合控制营销成本，加快信息传播的效率，而普通用户也可以在大数据的支持下获得更优质的服务。但是，随着大数据技术的不断进步，与数据隐私有关的争论也越来越激烈。

当企业在借助大数据的力量去寻求增长与发展时，也要做好对数据隐私的保护，否则很有可能为自己招来较大的祸患。2020 年 11 月，圆通速递被曝出现了巨大的用户信息泄露问题。据媒体报道，这件事发生于同年 7 月，圆通速递的内部员工私自与外部不法分子达成了"合作"关系。该员工利用自己现有的职权与员工账号，还有一些非法的手段查询、采集大量的用户运单信息，而后将这些信息以极低的价格卖给了那些不法分子，最终导致多达 40 万条的个人信息被泄露。

这些隐私信息中涵盖了用户的姓名、地址、电话，这些私密信息不仅有可能被放到所有人都能看到的地方，更重要的是还有可能被他人恶意利用。虽然圆通速递表示嫌疑人在 2020 年 9 月就已落网，也愿意配合警方进行大力整改，但该新闻的出现依然使社会公众产生了一种不安的感受，这也使圆通速递的数据隐私保护能力受到了较大的质疑。

无论是什么类型的企业，都有属于自己的重要机密数据，主要包括企业内部知识产权、客户信息、商业机密、核心业务信息等，如图 9-7 所示。不要觉得数据保护就只是针对那些以数字化呈现出的内容，如本月订单量、采购量等，信息与数据是相互联系的，数据在处理后便能以信息的形态展示出来，清楚这一点才能使企业的数据隐私得到更大限度的保护。

企业只有将数据隐私的界限守住了，才能使自己所处的环境更加安全。这里的含义主要包括两层：其一，企业必须守住内部的数据隐私，否则很容易被其他竞争对手抓住把柄，像商业机密这种关系企业发展命脉的敏感信息，一经泄露后果将无法估测；其二，在大数据时代，每个企业都或多或少地储备了一定量的客户数据，特别是对销售、金融领域的企业来说，客户数据如果泄露出去，那对企业而言不亚于是一次重大问题。

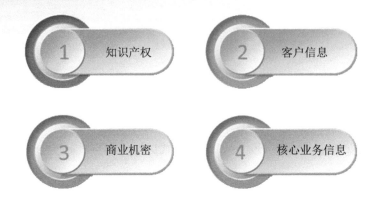

图 9-7　机密数据涵盖的要素

　　守住界限一方面强调企业要提高内部保管敏感数据的强度，另一方面也指要守住内心的那道底线，不要因为一些短期的利益去做违背法律规范、行业道德的事情。有时候，一些企业明明知道泄露客户数据是不正当的行为，却没有抵挡住眼前的诱惑，于是便跨过了界限，将重要数据轻易交到了不法分子的手中。这样的行为已经不能用"犯错"这种程度的词轻轻带过了，严重时是需要承担法律责任的。

　　像圆通速递这样的事情，其实已经不是第一次发生了。早在 2017 年，山东省菏泽市的警方就已经查处了多达十几家非法提供公民信息的公司，而类似的事件在快递行业与教育机构领域出现的频率也比较高。正常情况下，那些希望企业能够健康、长远发展的经营者，都会对数据隐私的保护格外重视，因为其深知敏感数据被泄露后自己可能要承担的后果。

　　首先，如果是企业机密、核心业务数据这种需要严格保密的内容，一经泄露就等同于直接将自己的业务计划、营销战略都打包送给了竞争对手。不要觉得只有中小型企业才需要担心这种问题，大企业出现这种情况的后果会更严重。其次，当客户数据被泄露之后，客户会对企业失去信任，即便是品牌的忠实粉丝，好感度也很难说不会因此而降低。毕竟没有人知道自己的隐私数据会被不法分子拿去做什么，诈骗、骚扰、信息盗用，这些都会影响人们的正常生活。

　　因此，企业要有保护隐私数据的意识，不能只是一味地从数据内容中开发价值。企业为了在社会中的形象与日后的发展，必须严防数据泄露的问题。为此，企业需要做好下述几项工作，如图 9-8 所示。

图 9-8　防止数据泄露需采取的方法

9.5.1　做好数据分类

很多小企业由于经验不足或缺少防范意识，在很长一段时间内都不注重数据分类，将许多不同类型的数据一股脑儿丢到同一个地方，而这样做其实会为企业带来很大的数据泄露风险。之所以要做数据分类的工作，是因为这样才能让敏感数据得到更高效的保护，像机密数据、客户数据、业务数据都要有条理地区分开才行。只有这样，企业才能更安全地管控这些重要数据。此外，要合理地为这些数据设置权限。不设置权限的后果就是所有内部员工都能轻而易举地接触企业的商业机密，甚至那些刚来企业还没有几天的新人，都有可能拿到企业重要客户的信息。这样一来，无论企业本身制订的经营计划有多好，都难以使自己安全前行。除了要做好数据分类的工作以外，企业在设置权限的时候也要严谨，数据的查看、删除、添加等功能面向不同职能、地位的人员时，不要一概而论。

9.5.2　进行员工培训

做好数据分类只是为了加强数据的安全性，同时企业也要定期进行员工培训，目的是扼杀所有危险因子，让员工深刻认识数据保护的重要性，并将这种保护意识融入日常的工作流程中。有时候，员工可能并非有意，只是因为操作失误或单纯觉得某个数据给别人看一看也没有问题，但很显然这样也会使企业承受一定的损失。

因此，企业不仅要规范员工的行为，如有必要还可以同员工签署相关的法律文件，这样才能使企业更有效地加强对敏感数据的管控。此外，在做离职人员的交接时，要确保其没有拷贝或故意泄露企业数据，这样才能避免企业在之后会受到突发性的重创。

9.5.3　文件进行加密处理

对工作文件进行加密处理也是很有必要的，因为没有经过加密的文件很容易就可以通过微信、QQ、邮箱等通信渠道传输出去，短短几秒就可能使一些专属于企业内部的数据被泄露。

这也是企业在进行员工培训时需要强调的内容。有些具有一定职权的员工虽然工作能力很强，保密意识却着实不高，具体表现为一些重要文件不仅不做加密处理，有时在其离开工位时还会将文件以打开的形式放在电脑屏幕上，所有路过的员工都能直接看到文件内容。为避免这种情况出现，相应员工必须养成对文件进行加密的习惯，只有拥有权限的人才能将其打开。

上述只是比较常见的数据隐私保护手段，企业还可以根据内部情况自行制定其他的保护措施。

9.6　【案例】：百度对大数据营销可视化设计的看法

随着信息技术的发展，数据可视化的热度已经愈发高涨，能够为企业提供数据可视化便捷服务的工具也越来越多，整体来说市场发展状况还是比较积极的。而百度早在 2015 年就已经非常关注与数据可视化设计有关的内容了，并且还将其与大数据营销结合起来，以 PPT 报告的形式对其进行了一番探讨。

百度自行研发的数据可视化道具 Sugar 所具备的功能非常丰富，而且在当前能够为用户提供三大版本，即尝鲜版、基础版与高级版(见图 9-9)，每个版本都需要支付一定的费用才能使用，但整体来说，Sugar 在市场中的价格并不算昂贵。

功能划分		大屏尝鲜版	基础版	高级版
账户	登录账户数	1个	1个或3个	10个起
空间	可用空间数	1个	10个	50个
数据门户	个人中心	支持	支持	支持

图 9-9　数据可视化工具 Sugar 的版本与基础功能

作为一家互联网领域中的知名企业，百度对大数据的敏感度要比常规企业高很多。2015 年，大数据的威力还远不像现在这样强大，但百度依然敏锐洞察到大数据的良好发展前景。同年 7 月，百度大数据的专业人员出席了 IXDC 国际体验设计大会，并且发表了自己对大数据营销可视化设计的看法，我们可以从中提炼出一些重要的观点。

9.6.1　大数据营销的意义

在会议刚刚开始时，百度大数据的交互设计师同项目经理便直接从大数据营销的角度切入，详细阐述了大数据营销的意义，以此来为后面的数据可视化设计观点做铺垫。什么是大数据营销？大数据在其中又扮演着怎样的角色？百度就这些问题给出了自己的看法。

首先，无论是过去还是现在，市场环境永远是复杂多变的，但区别在于过去企业面对市场环境时被动感更强，而今借助大数据能够使自己变被动为主动。如果能够用好大数据，那企业就能够更快地掌握市场最新行情，并且能够对未来的市场发展趋势进行一些预测。

其次，企业如果想要稳定生存下去，就必然无法与用户割裂，所以如何获得用户群体的青睐与支持，就要看企业能否熟练玩转大数据了。

最后，率先感知到风向变化并能提前做好准备的企业，能够在激烈的竞争环境中获得更稳固的地位，而这也需要借助大数据的力量去分析、捕获营销机会。当然，在制定营销策略时，大数据也是必要的存在。

9.6.2 数据可视化的概念

针对数据可视化的概念，百度的两位专家也给出了自己的看法，他们将数据可视化进行了不同层次的拆分，如图 9-10 所示。

图 9-10　百度专家对数据可视化概念的拆分

1. 数据可视化

数据可视化，即将数据与图形自然融合到一起，将数据以图形化的形式表现出来，以此来让数据得到更清晰的展示，使企业人员能更高效地传递信息。

2. 信息可视化

信息可视化的重点同样是信息向图形的转化，只是与数据可视化相比，信息可视化呈现出的内容或许会更丰富一些。信息可视化同样也能起到令人可以快速理解信息的作用，能够应用的场景也非常多，无论是企业内部讨论还是与客户进行交流，都可以借助信息可视化的形式来进行表达。

3. 科学可视化

科学可视化的应用原理是对三维现象的可视化处理。三维本身就具备立体属性，而科学可视化也强调了这一点。不过，与数据可视化、信息可视化相比，科学可视化在企业营销场景中的存在感不是很强，多用于生物领域。

9.6.3　视觉可视化的元素

数据可视化需要借助良好的视觉效果来表现，所以百度专家还在大会上讲解了视觉可视化的几大构成元素，企业对这些元素的处理会极大限度地影响最终的数据可视化效果。

首先，数据可视化的色彩无疑是最能在第一时间抓住人们视线的元素，所以数据可视化的色调就显得分外重要。

其次，企业不能忽略数据可视化设计过程中位置、形状、尺寸等重要的构成元素。对这些元素的设置是否合理，直接决定了数据可视化的信息传递效率能否达标。比方说组件面积的大小对比就可以呈现出比较强烈的视觉对比效果，而不同形状(如圆形、三角形)的布局也会影响人们的视觉观感与信息理解速度。这些元素通常不会单独存在，而是会和谐存在于同一张数据可视化的图表中，因此，企业在使用这些元素时也要注意对其进行合理组合。

9.6.4　数据可视化的误区

数据可视化本身是为了给企业营销提供更多的便利，但百度专家认为，数据可视化不能背离初始设计目标：高效传递信息，让人们可以在有效时间内迅速理解图表。为此，专家们还提供了一张数据可视化设计容易出现的误区清单来供其他人参考，具体内容主要包括下述几种。

1. 色彩应用要适度

百度专家在会议上展示了一些色彩设计不恰当的案例，表示有些数据可视化图表的色彩非常繁杂，在第一眼能给人强烈的视觉冲击感。然而对企业来说，其追求的并不是多么美丽的效果，而是能够让人轻松看懂。有些图表就像烟花一样五颜六色，同时还掺入了大量的其他视觉元素，这反倒会加剧人们理解的困难，且比常规的数据展示形式还要耗费时间。此外，百度还强调必须应用色彩，不使用色彩不行。

2. 信息量不要太大

就信息量这个问题，百度专家强调，在设计数据可视化图表的时候，务必要避免出现信息过载的情况。数据可视化能够分析多维度的营销场景，但不代表企业可以将这些业务场景中的数据全都汇总到一起，这样做只会导致最终生成的数据可视化图表变成一份大杂烩。

3. 尽量少用 3D 效果

百度专家在 2015 年的会议上表示，数据可视化图表最好少用 3D 效果，主要是因为有很多企业对 3D 技术与可视化图表的融合还不是很熟练。在这种情况下生成的图表，虽然也能展现出一些立体感，但整体给人的感觉却不像 2D 那样好。不过在现阶段，已经有越来越多的企业开始将注意力放到了 3D 效果的数据可视化形式中，但 3D 效果的应用仍具有一定局限性，一般的中小型企业还是以 2D 的视觉效果为主。

在 2018 年，百度又专门针对数据可视化领域成立了实验室，专业人员有针对性地研究出了更多与数据可视化相关的产品。就目前的发展趋势来看，数据可视化已经成为企业营销场景中不可或缺的要素。

第 10 章

全盘案例：
淘宝店的大数据营销策略

全民网购的浪潮掀起之后，所有企业都看到了网购领域的商业价值，而淘宝则是企业开发网购市场的首选，因为淘宝的内部体系已经足够成熟且流量庞大。不过，人只有努力工作才能得到回报，淘宝的流量也是如此，只有掌握淘宝店大数据营销技巧的人才能盈利。为此，本章将就淘宝店的店铺营销知识进行详细阐述，卖家需要了解的数据体系、店铺定位等问题都能从中找到答案。

10.1 数据体系：对淘宝店而言的重要数据指标

在过去，"网购"这个词对社会公众来说很陌生，人们在产生购物需求时通常会前往线下商铺。而当前，足不出户就完成购物已经不再是新鲜事，网购早已成为时代的主要潮流，淘宝则在国内的网购领域中始终处于绝对领先的位置。初创企业会将淘宝当作梦开始的地方，老牌企业也已经大量涌入了淘宝，希望借助淘宝使品牌能够重新焕发生命力。

淘宝最吸引商家的地方在于平台内部有着庞大的用户流量，同时淘宝随着时间的推进愈发成熟，针对新入驻卖家推出的扶持政策、直播功能的上线，这些举措能够使商家看到更多获利的机会。据淘宝统计，早在 2018 年，在淘宝创下了年入百万元成绩的卖家就已经突破了 40 万——这无疑是一个非常惊人的数字。

但是，想要成为百万大军中的一员并没有这么简单，许多新手卖家经常会期盼自己的店铺销量可以在短短几天之内就呈现出爆发式增长的状态，这是很不现实的。淘宝店的经营者首先要了解那些对淘宝店而言非常重要的数据指标，才能使淘宝店在之后的营销运作更顺利。下面我们就来总结一下这些淘宝店经营中常会用到的数据指标，如图 10-1 所示。

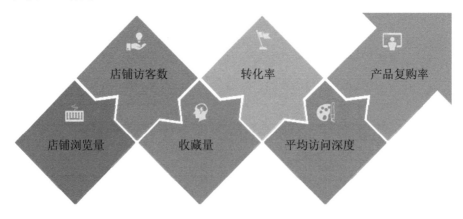

图 10-1　淘宝店经营中常用的数据指标

10.1.1　店铺浏览量

目前，卖家可以直接在淘宝的卖家中心看到店铺的实时数据，其中店铺浏览量是一个比较基础的数据指标，基本上每个卖家，特别是新店运营初期，都会在进行数据汇总时将店铺浏览量优先提炼出来。

用户浏览的页面越多，店铺浏览量的数据累计值就会越高。比方说某用户进入店铺后陆续点开了 5 个商品详情页，那么这时候该店铺的浏览量就会增加 5 点。所以店铺浏览量越高，就意味着用户点开的页面越多，因此，不同时期、不同经营状态的店铺，需要根据自己所处的阶段来设定店铺浏览量的指标。

10.1.2　店铺访客数

不要将店铺访客数与浏览量混淆，因为店铺访客数虽然也可以不断叠加，但每个 ID 只能增加 1 点访客量，而无法像浏览量那样持续增加。举个例子，某用户进入店铺后，该店铺的访客数就会增加 1 点，但其多次浏览商品页面产生的浏览数据却都是有效的；而该用户即便退出后又多次访问该店铺，访客数也只会增加 1 点。

在各个搜索引擎输入类似"店铺访客数"的关键词，就能看到有许多淘宝卖家就该数据指标表达的疑问，或只是单纯地抱怨。正常情况下，任何一个淘宝卖家都会希望自己的店铺访客数可以多多增长，但现实是很多卖家只能在一些大促活动或节假日期间才能看到店铺访客数有显著的提升，而活动结束后访客数又开始持续下降，这对卖家而言无疑是一个较大的打击。而那些生意比较好的店铺，一般在店铺访客的数据指标上不会太差。

10.1.3　收藏量

店铺收藏量对卖家而言是一个比较特殊的数据指标，因为其并不像店铺浏览量那样，能够根据每个用户的浏览行为而不断叠加，同时也不像店铺访客数那样能够将某用户第二天进店的数据统计进来。当用户单击了收藏店铺的功能键后，收藏量在该用户的身上就不会再有任何变化了，除非用户取消后再次收藏。

虽然按照网购用户的习惯，一般会在看到了自己满意的商品后将其放到购物车中或直接结账，转化全程与店铺收藏的关联度不是很大，但收藏量也是淘宝卖家必须重视的数据指标。因为收藏量对店铺权重有着较大影响，所以许多卖家都在想方设法地让来访者收藏自家店铺。从某个角度来说，店铺收藏量也能反映店铺的真实人气值。

10.1.4　转化率

虽然这些数据指标对卖家而言都很重要，但转化率无疑是淘宝店数据体系中的关键指标，如果没有转化的话，店铺访客数、收藏量等数值再高也没有用，因为卖家开店的根本目的就是营利。因此，如何提高店铺的转化率就成为每个卖家都会思考的问题，然而正所谓"心急吃不了热豆腐"，提升转化率是一个循序渐进的过程，卖家应该保持良好、平稳的心态。

淘宝店铺转化率的常规计算公式为

某一固定周期内产生付费行为的用户÷店铺的全部访客量

所以提高转化率的重心应该放在用户身上。但是，现阶段淘宝的人气与流量虽然在网购平台中依然是数一数二的，卖家的经营难度却比过去要大很多，主要原因是竞争者数量的大幅度增加与电商市场的过度饱和。不过，有能力的人无论在什么时候都能做出成绩，而且淘宝目前对卖家的扶持力度也还不错，卖家不必因前期低迷的转化率而过于沮丧，因为很少有人能在刚开店一两天的时候就能获得足够可观的转化率。

10.1.5　平均访问深度

访问深度主要指用户进入店铺后深入浏览页面的数量，比方说小张在店铺首页看到了某款连衣裙，感觉裙子很漂亮便点进了详情页，而后在浏览过程中又看到了商品的关联推荐，于是又继续点开浏览。一般新手卖家在前期不会很关注平均访问深度这一数据指标，但该指标其实也能反映出许多问题。

如果用户的平均访问深度过小，那就意味着店铺商品对用户的吸引力不足，或是店铺布局存在较大的问题。有些用户只是看了一款产品便退出了页面，这种情况下便谈不上有什么访问深度。但这并不意味着该数据指标大就是一件好事，什么事情都要适度才好，平均访问深度过大也可能意味着用户对店铺商品不是很满意，难以选出自己心仪的产品。

10.1.6 产品复购率

产品复购率一般是经营时间达到一定程度的店铺卖家才会关注的数据指标，因为只有老用户才会出现复购行为。当然，这里提到的老用户只是一个指代，并不单纯指用户关注店铺的时间长短，只有在店铺首次购买了某产品的用户，在二次购买该产品时才会使其复购率有所提升。

除上述提到的这几类数据指标以外，淘宝店铺数据体系中涵盖的要素其实还有很多，如果要对其进行细化的话，可以延伸出很多内容。对新卖家来说，了解这些数据指标是其必须做的功课，否则店铺的生意很难有起色。

10.2 店铺定位：大数据视角下的淘宝店铺、产品定位

店铺定位是卖家在淘宝店正式运营前要落实到位的重要工作，如果还没有对店铺及产品进行精准定位，店铺是没办法顺利运作起来的。许多新手卖家初期的开店效果都很差，不单单是转化率，其他的数据指标也不是很理想，而这里有很大一部分原因就在于卖家没有做好店铺定位的工作。

如何对店铺进行准确定位？店铺定位的意义又是什么？简单来说，店铺定位就是为了让卖家在经营时可以更具针对性，也让来访者可以更快地为店铺贴上相关标签。我们可以先举一个反例来看一下不重视店铺定位可能会导致的后果。

新手卖家小王在前期对店铺没有什么详细规划，只想着先让店铺能够上线，所以在完全没有考虑好自己究竟要做哪类生意的时候，将自己的店铺变成了一个琳琅满目的杂货铺。小王的想法很简单：因为还没有确定哪一类产品比较适合自己，所以就把能想到的产品都统统搬到了店铺里。食品、玩具、书本，甚至还有一些手机配件，这些不同类目的产品将小王的店铺塞得满满当当，然而来访者的转化率却并不高，与之相反的是用户跳出率在不断提高。面对这种情况，原本还对自己的店铺信心满满的小

王感到格外沮丧。

案例中小王的问题并不是个例，这是许多新卖家在初期都很容易进入的误区，定位不清晰的店铺在淘宝平台难以获得流量，想要获得稳定的转化更是难上加难。加深用户对店铺的印象就是精准定位的作用之一，当用户在想要购买某类型产品的时候，能够第一时间想到某个店铺，那就说明该店铺的定位工作做得不错。

因此，各个卖家都要掌握对店铺进行合理定位的方法，这样才能使店铺的产品定位可以清晰起来。而大数据在店铺定位的环节中能够为卖家提供较多帮助，具体方法如图 10-2 所示。

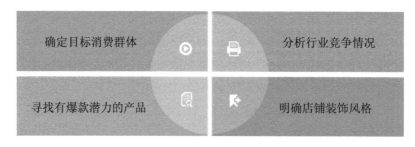

图 10-2　大数据视角下进行店铺定位的方法

10.2.1　确定目标消费群体

店铺定位涵盖的内容很多，但无论什么都不能被放到定位目标消费群体这项工作的前面。这就好比你是一名教育机构的辅导老师，你在开展一对一的辅导课程之前，要先知道自己要辅导的学生是谁、知识水平如何、学科短板在哪里，这样才能有效地制订辅导方案，而不是让学生去被动地适应自己。

换句话说，哪怕学生真的能够努力跟上辅导老师特立独行的教学思维，这种模式也无法应用到网购场景中，因为消费者在看到自己不感兴趣的店铺时就会直接离开，完全不会关心卖家的经营想法是什么。因此，卖家需要先用大数据确定自己的目标消费群体，深入了解这些目标用户的信息，如消费群体所处的年龄层次、收入情况、品牌偏好等。卖家在前期采集的用户数据越多，进行店铺定位时的精准度、有效性就会越高。

此外还要强调一点，虽然目标消费群体的数据并不是稳定的，有些会随特定因素而改变，但店铺却不能在中后期对目标消费群体进行洗牌式的更新。比方说某店铺初期提供服务的对象主要是年轻女性，这个定位一旦确定下来，之后就不能再做太大的调整了，如将目标群体换成中年男性，这对店铺的经营没有一点儿好处。

10.2.2　寻找有爆款潜力的产品

在确定了目标消费群体之后，卖家就可以进行下一项重要的定位工作，即产品定位。产品是淘宝店铺能否完成转化的关键，只有产品令用户满意，用户才能产生付费冲动，店铺才有可能拥有更多的订单。但是在这个环节，卖家要做的不仅仅是定位产品类型(如以出售连衣裙为主，这只是一个初期的大致定位方向)。在庞大的电商竞争市场中，卖家必须对产品定位进行细化，使其更具差异感，才能让自己的店铺不会轻易被庞大的竞争对手所淹没。

只有找到具备爆款潜力的产品，才能为店铺带来更多客流量与更高效的转化。不过，虽然有人对商业领域具备较强的敏感度，依然不能全凭直觉推断哪个产品有可能成为爆款，还是要在大数据的帮助下完成开店前期的选品工作。在这里，卖家需要明确几个寻找爆品时的重要数据指标，如某类型产品的市场需求量、销售趋势等。

10.2.3　分析行业竞争情况

进行店铺定位的时候，卖家不能只考虑哪个业务领域比较热门，最好还要分析一下所选行业的竞争情况。目前，在淘宝比较热门的产品类目主要有服装、食品、美妆等，这些热门领域固然有着较多的流量与较明显的市场需求，但竞争同样也非常激烈。所以，卖家还需对其继续细分，直到找到可供自己切入的点。

比方说美妆市场在淘宝非常火爆，口红、眼影等都是其中的热门类目，新入驻的卖家如果没有运营网店的经验，在初期可能很难被用户看到。但是，相对来说与儿童化妆品有关的产品领域，竞争力度却会小很多。因为近年来儿童参加的表演节目比较多样化，所以家长或老师对儿童专用的、伤害较小的化妆品比较关注，这就是一个可以抓住的机会。因此，不要太急于做决定，要综合考虑行业内外的情况进行店铺定位。

10.2.4　明确店铺装饰风格

虽然产品的质量对用户是否完成转化能够起到决定性的作用，但很多时候用户连产品详情页都没有点开就退出了店铺，这种情况下，哪怕卖家选品的眼光真的很好，用户也感知不到。就像很多人在外面用餐时第一眼看到的不是菜谱，而是餐厅的装潢一样，店铺的装饰风格、美观程度对来访者而言是很重要的。如果一家以母婴产品为主的店铺，以黑、灰为主要的配色，那这种色调带给目标消费群体的观感就不会太好。因此，店铺装修风格的定位要与产品性质相符，同时也要展现出自己的特色。

店铺定位涵盖的工作内容很多，但几乎每一项工作都离不开大数据帮助下对目标消费群体进行的定位。无论是定位产品还是装饰店铺，都要围绕着消费者的需求与喜好，这样才能让店铺更顺利地成长起来。

10.3　店铺流量：影响店铺权重、流量的那些关键点

没有一个淘宝卖家不清楚流量的重要性，有流量才意味着卖家制定的长期或短期规划有实现的可能，没有流量说得再多也没用。不过，有些卖家对店铺权重这个概念还不是很了解。事实上，店铺权重就相当于餐厅门口迎客的服务员一样，"服务员"的能力越强，为餐厅带来的顾客就越多。

在淘宝平台，但凡是入驻时间较长的卖家，都会格外关注权重问题。简单来说，店铺的权重越高，就越有机会获得更多的搜索流量，因为权重会影响店铺的搜索排名。举个例子，我们打开淘宝搜索关键词"情人节巧克力"，这时候就会出现许多符合条件的店铺，而排名靠前的店铺更容易获得转化。因为很多人的习惯就是优先点开排在前列的店铺，在这几家店铺中如果能够选到自己喜欢的产品，用户就不会再往下看了。

因此，这个时候排名越靠前的店铺就越占优势，而权重则是影响店铺排名的主要因素。有些卖家在前期甚至没有听说过权重这个概念，所以经营店铺时可能会遇到比

较多的困难，最明显的就是店铺流量迟迟得不到提升。为了获得更多的流量，卖家必须不断优化店铺权重，影响店铺权重的关键点如图 10-3 所示。

店铺点击率

近期销量

店铺信誉度

DSR 动态评分

图 10-3　影响店铺权重的关键点

10.3.1　店铺点击率

店铺内各个页面的点击率是影响权重的主要因素之一，点击率过低意味着店铺的人气不足，自然也难以提升店铺权重。如果想要让用户多多点开产品的详情页或其他活动页面，而不是没有停留多久就离开店铺，那么卖家就要想办法优化店铺的点击率。

首先，产品主图的质量非常重要，因为很多用户有时可能连产品关键词都没有看清，只是看到了一张好看的图片，便会直接单击该图片进入详情页面。不要小看主图的作用，在淘宝，很多时候视觉效果比文字信息要好用得多。

美观、清晰的主图可以有效提升点击率，但同时要注意不要对图片过度美化，否则用户在看到产品实物后很容易产生一种上当受骗的感觉。另外，对产品标题关键词进行适当优化也很重要，因为关键词与产品的搜索量密切相关，会直接影响产品展示量。展示效果越好，产品的点击率就会越高。

10.3.2 　近期销量

那些排名比较靠前的店铺，在一个月内的销量大都不会太低，销量较低而其他数据指标又不理想的店铺，很难拥有一个理想的展示位置。所以，卖家要将重心放在产品的转化率上。良好的店铺定位是一个好的开端，但仅仅如此还不够。卖家需要将自己代入到消费者的角色中，去思考会影响用户付费决策的因素：产品价格是大多数用户在选择、购买产品时都会比较关注的要点。

对新店铺而言，在初期阶段通常会采取降低产品价格以获取流量转化的经营策略，但降价的力度也要适中，否则很容易让自己陷入无意义的价格战中。此外，产品详情页的内容设定、排版布局，也会影响店铺的转化率。那些毫无排版可言、整体视觉效果格外混乱的详情页，会让用户失去浏览信息的耐心；而那些过于琐碎、抓不住重点的详情页，也难以为店铺带来销量。所以在淘宝，美工与文案的配合也非常重要。

10.3.3 　店铺信誉度

先不说信誉度对店铺权重造成的影响，就单说用户在购物时的常规思维，想必大多数人都会优先选择那些信誉度较高的店铺，而不是冒着风险去购买那些低信誉度的店铺产品。淘宝信誉度主要与消费者的评价挂钩，消费者给出的好评越多，就越有利于提高店铺的信誉度。然而许多卖家为了能够尽快提高信誉度，会选择走一些"捷径"，即许多淘宝卖家都心照不宣地进行刷单。

刷单的效率无疑是很高的，但这种行为的风险也很高，很容易被淘宝警告甚至是直接封号。而且刷单很容易被用户看出来，会使用户对店铺的不信任感更强烈，店铺想要获得真实有效的转化也就更难了。因此，还是建议淘宝卖家不要尝试这种具有风险性、欺骗性的刷单行为，用心经营店铺才是最稳妥的。

10.3.4 　DSR 动态评分

DSR(detail seller rating，卖家服务评级系统)动态评分可以直接在淘宝的卖家中心看到，它对店铺权重的影响很大，主要由三大指标要素构成，如图 10-4 所示。

描述相符度　　　服务态度　　　物流服务

图 10-4　淘宝 DSR 动态评分三大构成指标

1. 描述相符度

关于描述相符度这一指标，主要是从消费者购买产品后给出的评价中得来的。当消费者对产品进行评价时，会根据自己的真实感受在"宝贝与描述相符"一栏进行评分，消费者整体评分越高，DSR 动态指标的数值就会越好。

2. 服务态度

服务态度涵盖的要点较多，其中店铺客服在这里的作用比较明显，因为用户在购物过程中经常会同客服进行频繁交流，这时候客服的回复速度、解决用户问题的效率就成为用户打分的主要依据。当前各个店铺都越来越重视对客服的培训，这是因为想要给用户提供更优质的服务体验，这样才能使店铺的 DSR 动态评分相对稳定。

3. 物流服务

网购潮流之所以兴起，就是因为人们希望能够借助互联网拥有更快捷的购物体验。所以，现阶段哪家店铺的发货速度较快、物流效率较高，哪家店铺的竞争优势就会变得更强。毕竟对消费者而言，购买产品是因为有所需求，因此越快收到货就越容易给店家一个好评，并且很有可能成为店铺的忠实用户。

上述只是淘宝卖家关注度比较高的几个关键点，事实上会影响店铺权重的要素远不止这几点，还需要卖家去自行挖掘。总之，不做违规的事情、用心为用户提供服务，永远都是没错的。

10.4 会员体系：数据分析、会员画像与提升复购

随着淘宝平台的发展，平台内部也在不断推出新功能，其中有很多都是卖家可以利用起来的，店铺会员就是其中一项。目前，卖家已经可以自行在卖家中心为自己的店铺开通会员服务，而后一点点将自己的会员体系搭建起来，以此来推动店铺的成长。

与普通用户相比，会员的价值无疑会更高，因为普通用户可能只是随手收藏店铺，却并没有产生付费行为，从某种程度上来说就只是一个路人，不知道什么时候才会再次光临店铺。而根据淘宝设置的店铺会员规则，用户只有在店铺产生了付费行为，才能完成身份的转化，这类群体对卖家而言也更易管理。在开通店铺会员服务的时候，卖家要先结合页面中的必填项目做好数据分析工作，这样才能使搭建的会员体系更加科学、合理。

首先，用户想要升级成为会员，就要在店内完成至少一笔交易。卖家需要在用户交易额与交易次数这两个选项中做出选择，如将单次交易额大于 100 元当作用户升级的条件，或是设定让用户完成多少次的交易行为。一般卖家都不会将成为会员的门槛设得太高，毕竟这样做只会导致店铺的会员体系难以搭建。所以卖家在设置升级条件的时候心里也会大致有数，只是有时仍需借助大数据来使其变得更清晰。

就拿交易额来说，如果某店铺走的是平价产品路线，而店内产品单价大都在十几元左右，那这时候设置一个 100 元的指标就显得有点儿高了。另外，像那些奢侈品的店铺，用户完成一次交易基本上就能够领取会员卡了，这些都是基于对店内产品情况、消费群体的分析得来的。

其次，卖家也可以选择是否要开启会员权益，如持店铺会员卡的用户在购买指定产品时可以享受几折的优惠。如果要开启该项权益，卖家需要思考多大的折扣比较合适，一般针对店内会员的折扣力度肯定不会像"双十一"狂欢节那样大，具体要参考产品数据与用户的付费情况。

在设置好会员的升级、权益内容之后，完成指定行为的用户就可以顺利升级为店

铺会员了。但是，到这里还只是一个开始，卖家不仅需要借助大数据绘制出完整的会员画像，还要定期对其进行整合与更新。绘制会员画像主要是为了更了解店内会员的情况，无论是新店还是老店，会员永远都是卖家需要重点关注的消费群体，如果管理到位，这部分用户能够为店铺做出更大的贡献。在绘制会员画像的过程中，卖家需要重点关注下述两个方面，如图 10-5 所示。

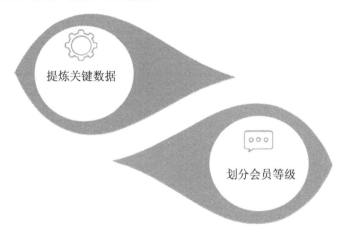

图 10-5　绘制会员画像时的关注要点

10.4.1　提炼关键数据

　　如果将淘宝用户的信息全方位铺展开，那么用户的性别、年龄、所在地、职业等都是卖家绘制会员画像时需要考虑的要素。但是，这些数据真的都有用吗？有些无意义的数据是否可以剔除出去，使会员画像能够更加简明有效？

　　举个例子，对某个以销售方便面、午餐肉罐头等速食食品为主的卖家来说，会员的性别对其来说并不重要，其更加关注的应该是会员的职业，因为某些因工作原因经常要加班的用户，对这些速食品的需求可能会更高一些。作为店铺的卖家，要清楚哪些数据才是值得深入分析、长久关注的，这样才能使会员画像的参考价值变得更高。

10.4.2　划分会员等级

　　虽然同为会员身份，但卖家不能对这些会员过于"一视同仁"，因为这样不利于卖家找到那些价值更高的用户群体。目前，淘宝店铺的会员体系可以根据会员的消费情况对其自动进行等级划分，卖家在绘制用户画像的时候也要格外关注这一数据指标，因为其需要根据不同等级的会员绘制不同的会员画像。等级越高的会员为店铺带来的转化就越多，这类会员一旦流失，会对店铺发展造成较大程度的影响。因此卖家需要对这类会员画像进行更细化的分析，并要在之后对会员画像中的标签进行良好应用。

搭建会员体系几乎不需要卖家耗费什么成本，但如果想要从会员体系中挖掘出更多的价值，那就必须做好对会员群体的管理，努力提高会员体系中的复购率。会员本身对店铺的黏性就比普通用户要高，当其能够在店铺产生更多消费行为的时候，店铺的盈利就会更加可观。因此，卖家也需要采取一定的手段，比较常见的方法包括下述几种。

第一，进行精准营销。

精准营销主要是强调卖家需要对会员体系中不同等级的会员进行全面分析，并就会员的消费情况、消费潜力等给予不同程度的福利优惠。假如已经达到 VIP5 等级的会员，发现自己和普通的 VIP1 会员享受的折扣优惠完全相同，且在利用积分兑换商品时也没有任何特权，那高等级的会员状态会变得很不稳定。想要长久留下老用户，就要为其提供能够令其满意的个性化服务，而不是为图省事将所有会员都放在同一个营销阵营中。

第二，做好社群运营。

现阶段淘宝对店铺会员体系的构建还是很用心的，卖家除了可以为会员赋予相应特权以外，还可以直接在店内创建一个只有会员才能加入的专属会员群。不要小看会员群的重要性，淘宝卖家如果想要将店铺做大、做好的话，不仅要懂得基本的店铺运营方法，还要掌握社群运营的技巧。通过社群运营，卖家能够采集到更多与会员有关的数据，也能对会员的状态有更深的了解，并且可以在第一时间将店铺上新、做活动的消息传递给会员群体。

第三，持续维护用户。

无论是搭建会员体系还是提高会员复购率，都不是一天两天就能实现的，而是需要长久坚持去做。在获取新用户的成本越来越高的阶段，维护老用户变得愈发重要，所耗费的成本也要比开发新用户低很多。卖家针对店铺会员提供的服务质量越高，会员忠诚度就会越高，复购率也会随之变得更加稳定。

最后还需强调一点，为店铺会员提供专属客服服务、福利优惠等，都只是提高会员黏性的辅助手段，真正能够对会员产生吸引力的还是性价比较高的产品。因此，卖家也要注意保证产品的质量，否则提供的福利内容再多，对促进消费者转化这件事依然起不到什么作用。

10.5　口碑塑造：大数据营销与店铺品牌塑造的正确思路

尽管淘宝运营至今，已经稳稳地成为网购领域的第一梯队，每年涌入淘宝平台的卖家数量也在不断增长，对新卖家来说竞争压力并不小，但淘宝依然是其打开品牌市场的首选。如果依然沿用过去那套品牌营销的玩法，店铺想要在一众竞争对手中脱颖而出着实困难，于是便有越来越多的卖家将心思转到了店铺品牌的口碑塑造工作中来。

口碑塑造并不是一个新概念，在传统的营销模式中也经常出现，与大数据时代背景下的营销模式相比，其最明显的变化在于对口碑塑造布置的顺序。口碑塑造涵盖许多环节，并不是有针对性地去做某项工作就能塑造出店铺品牌口碑。

过去的大部分淘宝卖家更倾向于先把品牌的知名度做起来，而后再通过一系列手段去塑造品牌口碑，培养忠实粉丝。但在互联网+大数据的驱动下，这种顺序出现了逆转，即卖家要先将品牌口碑塑造起来，之后再去逐步提高品牌的知名度、影响力。品牌的传播主力也变成了核心粉丝，而不全是靠卖家一人发力。这种先进的品牌营销形式只有在当前才行得通，因为过去大数据技术并没有那么发达，卖家即便有着超前的意识，想要借助大数据去将店铺的品牌口碑塑造起来，也很难实现。

举个例子，如今在火锅界极受人们欢迎的海底捞，就是通过口碑塑造带动品牌发展的典型。海底捞早先只在四川营业，而后由于店内的服务过于细致，慢慢地引起了当地人的注意，不少人将自己在海底捞用餐的经历发布到了社交平台上，于是慕名而来的体验者越来越多。一步步成长起来的海底捞开始深入利用大数据去量化门店顾客的满意度，让员工能够有针对性地改进自己的服务；并且海底捞还会利用大数据去挖掘消费群体的新需求，如新推出的"请勿打扰"服务就进一步增强了品牌塑造的效果。

而对淘宝卖家而言，将大数据营销与品牌口碑塑造结合到一起是非常有必要的。如果没有大数据的帮助，先不说口碑塑造的推进进度是否会放缓，最重要的是口碑塑造的质量根本无法保障。下面我们就来看一看大数据在店铺品牌口碑塑造场景中的几个主要作用，具体内容如图10-6所示。

图 10-6　大数据在店铺品牌口碑塑造场景中的作用

10.5.1　品牌精准定位

无论是过去还是现在，塑造品牌口碑之前的必经环节都是品牌定位，有一个良好的定位才能使品牌口碑塑造的路更畅通。这里要强调的是，店铺定位与品牌定位的内容不能完全重叠，店铺定位更倾向于对产品的定位，而品牌定位则更注重品牌的精神理念。举个例子，很多情侣在买戒指的时候，都会想到以"一生、唯一、真爱"为主要理念的 DR 钻戒品牌，这就是品牌定位做得好的优势。

在进行店铺品牌定位的时候，卖家首先要明确自己面对的目标市场有哪些属性、标签，而后利用大数据分析外部的品牌环境，这样才能使店铺品牌的差异性特征更明显。

10.5.2　讲好品牌故事

现阶段，传统口碑营销的那种单一化传播模式对店铺而言帮助不大，且很难高效激活，而讲故事的营销形式却很受用户欢迎。举个例子，虽然小罐茶的制茶工艺、包装设计都很独特，但是以八位制茶大师为主体构造出的品牌故事同样具有吸引力。将品牌故事与产品融为一体，能够增强产品在市场中的优势，店铺品牌的口碑也能够因此而得到提升，但这一切都要建立在卖家对受众用户足够了解的基础上。

讲故事时，只有找到对的人，才能使故事深入人心，否则便是对牛弹琴，白费工夫。大数据可以帮助店铺卖家找到许多与用户相关的有价值信息，通过这些信息，卖家才能更准确地找到讲述品牌故事的方向。

10.5.3　引导正面话题

引导正面话题是店铺塑造品牌口碑的必要手段，而这种手段在互联网环境的帮助下实施起来会更容易。举个例子，海底捞在早期能够以爆炸式的传播速度"出圈"，让提供优质服务为主的品牌口碑可以触达全国各地的用户，主要靠有着较大流量的微博。当消费者在海底捞中体验到了个性化的服务后，便会主动在微博上分享出自己的用餐经历，而后形成一股用户自发传播、评论的热潮，这对海底捞塑造品牌口碑是极为有利的。

店铺卖家在确定了品牌的定位之后，也可以尝试着在各个社交平台引导一下与品牌有关的正面话题。平时要注意做好各个平台大数据的监测，当发现哪一条内容出现火热迹象的时候就要立刻跟进，否则这份热度很容易就会消散。

10.5.4　衡量口碑效果

口碑塑造的量化也是卖家需要掌握的技能，如果不能利用数据衡量口碑效果的话，光靠自我感觉去对其进行评估是非常不精准的。一方面，因为卖家对自己开设的店铺多多少少会加一些"滤镜"，很容易就会对店铺的口碑塑造效果给出一个高分评价；另一方面，即便卖家的态度真的已经非常客观了，也很难达到数据指标这样的程度。

首先，店铺品牌的口碑效果肯定会影响产品的销量，口碑越好就意味着用户越容易触达店铺产品，所以卖家需要做好对产品销量变化的统计；其次，除店铺的点击率、浏览量以外，店铺品牌在各个营销渠道发布内容的反馈数据也需要被采集，要特别留心用户评价与传播深度。

在硬广影响力已经被逐渐削弱的阶段，口碑塑造成为淘宝卖家争取新用户的主要手段，来自朋友的推荐有时候比投放很多个广告大屏还要管用。但是，不以受众群体的需求、喜好为依据进行的口碑营销效果不会很明显，所以卖家还是要多多借助大数据的力量。

10.6 【案例】：淘宝店铺直通车怎么"开"才最划算

什么是淘宝直通车？简单来说，淘宝直通车就是专门为淘宝卖家制作的营销工具，应用得当的话可以为卖家带来可观的展示量与转化率。但淘宝直通车的使用并不是无偿的，而是需要卖家投入一定的资金才能让这辆"车"发动起来，如果新卖家不了解其中的开通门路，很可能会出现投了钱却几乎看不到推广效果的结果。因此，本节将详细探讨开通淘宝直通车时提高性价比的方法。

对于淘宝直通车应用方法不了解、毫无淘宝店铺运营经验的新卖家，在没有将基础知识的前提下贸然开通淘宝直播车，是一种非常冒险的行为。淘宝直通车需要卖家自行选择、设置想要推广的关键词，而后依次设置直通车的日限额、投放平台、投放时间及关键词出价等各种必填内容。

在这里提到的每个内容要素都非常重要，因为它们会极大限度地影响产品推广效果：有些人能够将成本管控到位，同时使产品曝光量、销量得到显著提升；有些人投入了资金却没什么水花，各项产品数据涨幅极慢，再继续下去也只是白白烧钱。那么，淘宝店铺的直通车究竟该怎么"开"才最划算呢？可以参考下述方法，如图10-7所示。

图 10-7　开通淘宝直通车的实用方法

10.6.1　评估关键词质量分

评估关键词质量分是卖家开通淘宝直通车时必须做的工作，因为质量分的分值与直通车的扣费程度密切相关，分值越高，扣费就越少。为此，淘宝卖家要清楚关键词质量分的影响因素都有哪些。其实质量分与我们在上文提到的店铺权重的关联度很高，如果店铺权重比较低，则肯定不利于质量分的提升，这也是我们强调卖家必须重视店铺权重的原因之一。

根据淘宝的官方说明，可以明确对关键词质量分影响程度较大的三个要点，分别是所推广产品的创意性、相关性以及消费者的服务体验效果。想要优化质量分，卖家就要从上述三大要点着手，其中推广产品的主图质量非常重要，因为主图是提高用户点击率的重要因素。

10.6.2　选择有潜力的产品

使用淘宝直通车之后，确实为所推广产品带来了一定的流量，但也不要将直通车的作用过度神化。只有具备推广潜力的产品才能搭乘到顺风车，本身热度较低、不受用户欢迎的产品，即便坐上了"车"也难以将其发动起来。所以新卖家最好不要贸然"发车"，如一股脑儿地将所有店内产品都放入推广队列中。这种推广形式的风险太大，不适合还处于起步阶段的新手使用。

那么，什么样的产品才适合在淘宝直通车中做推广呢？首先，那些长时间处于低热度状态，无论是点击率还是转化率都低于一定标准的产品，必然是不适合进入淘宝直通车的。卖家可以选择一些方法去改善产品销售状态，但淘宝直通车这种竞价推广的手段用到这类产品上面性价比是很低的。其次，有流量、有订单，但复购率却非常低的产品最好也要慎重使用。有潜力的产品在各项数据指标上都要尽量达标才行，如浏览量、收藏量、转化率、复购率等，且产品最好不要太过小众。

10.6.3　合理优化推广标题

推广标题通常是由几个核心关键词构成的，对产品推广效果的影响非常大，如果设置不到位的话很容易"翻车"。推广标题中的主要关键词需要将产品的品类、属性、特征等都体现出来才行，如口红的常见搭配"××口红持久显色"就是几个关键词的组合。

在设置、优化推广标题的时候，卖家还要注意几个重要的事项：其一，禁止直接复制其他同类型热销品的标题，这样只会起到负面效果；其二，标题组合并非关键词的随意堆叠，关键词的数量与标题效果要有直接关联，有些内容混乱、毫无逻辑的产品标题让用户难以产生深入浏览的欲望。

10.6.4　适时调整关键词出价

关键词出价并不像真正的拍卖大会那样，一锤子敲定之后就再无反悔或更改的余地，淘宝直通车在这方面还是比较便捷的，卖家可以自行调整关键词的出价。在能够正确选定推广产品的基础上，如果卖家发现产品的展示量并不明显，长时间没有什么变动，那就可以适时提价。但一定不要太过心急，以免出现涨幅太大的情况。

同理，如果卖家因关键词质量分提升而需要进行关键词的降价时，也别直接做出类似将 3 元的出价直接降到 1 元甚至更低的行为，这也会影响淘宝直通车的推广效果。此外，调整关键词出价要找准时间，这也要求卖家必须在推广过程中持续关注产品的各项数据。

10.6.5　注意投放的时间节点

在开通淘宝直通车的时候，卖家还需要设置具体的投放时间，如果能够将投放时间选好，那么产品的热度有可能会变得更高。在不同的时间节点推广产品会有不一样的效果，一般赶在淘宝的流量高峰期做推广会更划算，在流量低谷期做推广效果相对会差一些。

当然，了解淘宝平台流量高、低峰的大致情况只是一方面，毕竟店铺面对的不是整个平台的用户，而是提前定位好的受众群体，了解这部分群体的网购习惯很显然更重要。否则的话，在不能踩准目标用户浏览节奏的前提下去做推广，很有可能直接与大部队擦肩而过，用于推广的钱也没有落到实处。卖家还可以结合产品在其所属领域中的竞争情况，去分析产品的最佳投放时间。

开通淘宝直通车的步骤并不多，操作也不是很复杂，但其中的门道可一点儿都不简单，新手卖家尤其需要用心对待，这样才能用有限的资金尽可能为自己争取更多的资源。